浙江省教育厅项目（批准号：Y202045716）
浙江师范大学自主设计项目（批准号：2019ZS0202)

乡村红色资源价值转化机制与模式

XIANGCUN HONGSE ZIYUAN JIAZHI ZHUANHUA JIZHI YU MOSHI

李杰义　唐玉琪　叶梦婷◎著

企业管理出版社
ENTERPRISE MANAGEMENT PUBLISHING HOUSE

图书在版编目（CIP）数据

乡村红色资源价值转化机制与模式 / 李杰义等著 .
—北京：企业管理出版社，2021.9
ISBN 978-7-5164-2453-7

Ⅰ.①乡… Ⅱ.①李… Ⅲ.①革命纪念地 – 区域经济发展 – 研究 – 中国 Ⅳ.① F127

中国版本图书馆 CIP 数据核字（2021）第 157825 号

书　　名：乡村红色资源价值转化机制与模式
作　　者：李杰义　唐玉琪　叶梦婷
责任编辑：刘一玲
书　　号：ISBN 978-7-5164-2453-7
出版发行：企业管理出版社
地　　址：北京市海淀区紫竹院南路17号　　邮　　编：100048
网　　址：http://www.emph.cn
电　　话：编辑部 (010) 68701322　发行部 (010) 68701816
电子信箱：liuyiling0434@163.com
印　　刷：北京市青云兴业印刷有限公司
经　　销：新华书店
规　　格：710毫米 × 1000毫米　16开本　12.5 印张　200千字
版　　次：2021年9月第1版　　2021年9月第1次印刷
定　　价：56.00 元

前　言

实现共同富裕，是全体中国人民的共同期盼，是中国共产党的庄严使命。中国特色社会主义优越性的显著特征是走共同富裕道路，乡村振兴是推动共同富裕的必然要求。革命老区在中国革命史上书写了辉煌而壮丽的篇章，拥有丰富的红色资源。但由于革命老区大多处在地理位置较为偏僻的乡村，偏僻的地理位置延缓了革命老区乡村的发展进程。由此，在市场经济的历程中，也有不少革命老区乡村发展水平较低、村民增收相对乏力。在风起云涌的乡村振兴大潮中，革命老区的乡村振兴也不能掉队。在迈向共同富裕的征程中，革命老区的共同富裕不可或缺。由此，理论界日益关注革命老区的发展问题，革命老区是推动共同富裕进程中需要突破的瓶颈区域，就革命老区乡村而言，红色资源是其特有的优势资源。如何传承红色基因，促进红色资源的价值转化，助推革命老区乡村振兴，推动革命老区共同富裕？习近平总书记多次指出，要把“红色资源利用好、红色传统发扬好、红色基因传承好”。总书记的这一指示精神，为传承和弘扬革命传统、保护和利用乡村红色资源提供了基本遵循，赋予了乡村红色资源鲜明的时代使命。

由此可见，乡村红色资源价值转化的研究是一项具有发展前景的研究课题。学术界现有相关研究成果，对于推动乡村红色资源价值转化的路径探索与模式创新是十分有益的。然而，乡村红色资源价值转化是一项复杂的工作，在乡村红色资源价值转化的路径、机制与模式的研究领域中，仍存在不少亟待研究的科学问题。基于此，本书试图关注如下科学问题：乡村红色资源价值转化的内在作用机制是什么？乡村红色资源价值转化的路径是什么？乡村红色资源价值转化有哪些具体模式？如何实现乡村红色资源价值转化的综合效益？其中，乡村红色资源价值转化机制是研究问题的核心，乡村红色资源价值转化路径是核心问题的前提，乡村红色资源价值转化的综合效益是核心问题的延伸，乡村红色资源价值转化模式是对核心问题的应用。

本书坚持正确的政治方向，遵循"问题提出→现状调研→机制构建→路径探索→模式选择→对策建议"的研究思路，以浙江省丽水市61个红色乡镇（街道）为调研对象，旨在探索乡村红色资源的价值转化机制，归纳乡村红色资源价值转化的路径与模式，并提出前瞻性对策建议。浙江是中国革命的启航地，丽水是浙江典型的革命老区，因此，选择浙江省丽水市61个红色乡镇（街道）作为样本具有典型性和代表性。全书共十一章，每一章内容主要有问题提出、文献回顾、实证分析或理论拓展及研究小结。书中涵盖了有助于提升促进乡村红色资源价值转化的内容，包括：乡村红色资源价值转化面临的新情境、乡村红色资源价值转化的理论基础、乡村红色资源价值转化的作用机制、乡村红色资源价值转化的路径探索、乡村红色资源价值转化的模式选择，以及促进乡村红色资源价值转化的对策建议。

具体而言，本书包括如下五个方面的主要内容。

(1) 收集浙江省丽水市9个典型红色乡镇的质化数据，构建乡村红色资源价值转化机制的扎根理论模型，并利用浙江省丽水市61个红色乡镇的大样本量化数据，对该模型进行了实证检验。研究表明，在乡村红色资源保护传承及其价值挖掘识别的基础上，通过以集群创新、精益运营、协同治理、开放协作和数字赋能为内容的乡村红色资源价值创造，能够兼顾实现乡村经济增长、红绿融合和村民增收。

（2）从乡村红色资源价值的转化事前潜力及其事后效能两个角度，以综合性、实用性、科学性作为评价体系构建原则，构建了乡村红色资源价值转化潜力评价指标及其效能评价指标体系。研究表明，乡村红色资源价值转化潜力指标是一套包括乡村红色资源文化价值、社会价值、生态价值、体验价值、经济价值5个一级指标及其19个二级指标的指标体系，乡村红色资源价值转化效能指标则是一套包括乡村红色资源保护传承、红色文化景观塑造提升、红色资源价值挖掘利用、公众社区参与协同治理4个一级指标及其12个二级指标的指标体系。

（3）利用浙江省丽水市61个红色乡镇的问卷调研数据，分析乡村红色资源价值转化中存在的现实瓶颈，并以丽水市5个典型红色乡镇为案例分析对象，探索乡村红色资源价值转化路径。研究表明，合力构建乡村红色关联产业链、持续创造乡村红色资源价值、充分激发乡村红色关联企业主体创造力、有效形成乡村红色资源开发新格局、加快促进乡村红色资源价值转化量质齐升等，是促进乡村红色资源价值转化的5条关键路径。

（4）对浙江省丽水市5个红色乡镇进行案例分析，研究乡村红色资源禀赋及其价值转化潜力，并概括乡村红色资源价值转化的实践模式。研究表明，革命精神亮化思政教育、红色文化融合乡村旅游、红色资源对接生态农业、红色基因丰富经典文创、红色精品重塑影视演艺等，是促进乡村红色资源价值转化的5种实践模式。

(5) 利用上述理论研究、案例分析与实证研究结果，针对各地乡村红色资源价值转化实践中存在的现实瓶颈，开展乡村红色资源价值转化的对策研究。本书提出了一系列促进乡村红色资源价值转化的对策建议，包括持续夯实乡村红色旅游资源价值转化根基、动态挖掘乡村红色资源价值转化潜力、加快促进乡村红色关联产业链升级、着力提升乡村红色文化品牌美誉度、不断优化红色关联企业治理结构、加快推进运营企业数字化转型、有效提高村民参与度与获得感等。

本书的理论贡献与实践启示在于：

第一，加速产业融合，探索了乡村红色资源价值转化的前瞻路径。本书将乡村红色资源价值转化视为一条促进乡村红色资源与思想政治教育、乡村旅游、生态农业、经典文创、影视演艺等关联产业深度融合的多元复合路径。启示具有红色资源禀赋的乡村，应在保护传承其红色资源的基础上，更广泛地拓展红色关联产业领域，并促进关联产业之间的深度融合。

第二，落实企业行动，构建了乡村红色资源价值转化的机制模式。本书关注红色资源价值向乡村振兴动能转化的机制创新，构建了由党建引领、政府主导、企业运营和村民参与的乡村红色资源价值转化的协同治理机制，归纳了乡村红色资源价值转化实践的典型模式。启示红色关联企业在挖掘识别乡村红色资源价值的基础上，通过集群创新、精益运营、协同治理、开发协作和数字赋能，从而实现当地经济增长、红绿融合和村民增收综合效益。

第三，聚焦乡村振兴，给出了乡村红色资源价值转化的惠民策略。在区域上，红色资源富集的乡村与经济发展水平较低的乡村，二者大多存在重叠。这类乡村是乡村振兴的重点区域，在这些区域实施乡村振兴，既应保护好其红色资源、传承好其红色基因，又应促进其红色资源的价值转化与可持续利用。而且，红色资源富集的乡村，生态资源大多丰富，但当地村民增收有一定困难。经济发展是这些乡村第一任务，但其乡村红色资源价值转化应坚持绿色发展，其转化成果更应更多地惠及当地村民。启示具有红色资源禀赋的乡村，应积极引导村民参与红色资源价值转化或创业，并最大限度地降低商业活动对当地带来的负面影响，让村民更多地分享红色资源价值转化带来的红利。尽管本书得到了一些有意义的结论，但仍存在诸多局限性。例如，未将乡村红色资源价值转化与城市红色资源价值转化进行更彻底的对比分析，实证分析缺乏纵贯样本数据、实验研究法或是行动研究方法的支撑，乡村红色资源价值转化实践模型研究仍有待进一步深化与实证检验等。本书的局限性为本领域的未来研究提供了研究空间，也期望能为未来的研究提供需要有所突破的方向。

本书是集体智慧的结晶。本书的顺利出版得益于浙江省教育厅项目（批准号：Y202045716）和浙江师范大学自主设计科研项目（批准号：2019ZS0202）的支持，也得益于企业管理出版社的诸位老师，特别是刘一玲老师，她为本书的质量倾注了大量的时间和精力，在此深表感谢！在研究和撰写过程中，得到了北京师范大学政府管理研究院唐任伍院长的指导与支持，在此表示由衷的感谢！唐玉琪、叶梦婷、王尧、胡静澜、谢白洁、吴倩、严莉、汪骁、金笑、张玲丽、王欣欣和万晓筱等硕士研究生都是我学术工作的得力助手，他们参与了项目的调研和资料的分析整理，在此一并表示谢意。由衷地感谢一直给予我支持的浙江师范大学经济与管理学院、人力资源部、科学研究院、研究生院和乡村振兴研究院的领导。

多年来，本人一直按照“情怀—规范—深耕—表达”的思路，开展经济与管理领域的科学研究。

一是情怀，科研选题切合经济社会需求，符合国家政策导向，对接社会上亟待解决的问题。“把论文写在祖国大地上”，这是一种社会责任，也是一种家国情怀。

二是规范，寻找适合的规范研究方法，将数理思维运用到社会学研究当中，借国外好的研究方法来阐释中国现实问题。

三是深耕，精读一些好的文献，找到可能创新的领域，同时，需要有扎根精神，开展田野调查，并对研究问题进行情境化的具象分析。在撰写科研成果的过程中，要乐此不疲，一遍一遍地耐心修改和打磨。

四是表达，科研成果报告的整体思路要清晰流畅，关注句间和段落间的联系，捋清连词介词的关系用法，以增强文章的逻辑性，并善用图表诠释重要观点，使得抽象的观点变得具象化。

从如何利用丰富的乡村红色资源价值转化来助力乡村振兴、推动共同富裕的想法，到看到沉甸甸的调研成果，从数个典型乡村调研，到丽水市全域红色乡镇调研，我们经历了太多感动的事。在我们对丽水市红色乡镇及其红色村落调研时，得到了丽水市及其县市（区）文化和旅游主管部门、相关乡镇（村）

领导的大力支持，在此表示由衷的感谢！丽水市的许多红色乡镇地处偏僻的崇山峻岭之中，道路险阻，我们开展实地走访、聆听红色故事、发放问卷、搜集资料。这些经历让我们感受到了学术研究的困惑与快乐，更让我们真真实实地感受到乡村红色资源价值转化，对于革命老区乡村振兴与共同富裕的重要性。红心永远向着党，红色血脉代代传，期待本书对各地积极稳妥推进乡村红色资源价值转化的实践有所启示。

李杰义

2021 年 7 月 13 日

目　录

第一章　绪　论

第一节　研究背景

一、乡村振兴：推动共同富裕的必然要求

实现共同富裕，是全体中国人民的共同期盼，是中国共产党的庄严使命。中国特色社会主义优越性的显著特征是走共同富裕道路。共同富裕是在经济社会发展到一定程度的基础上，全体人民依据社会主义公平正义原则共同分享社会发展成果，普遍过上富裕生活（龚云，2012）。习近平总书记指出："共同富裕是社会主义的本质要求，……我们必须把促进全体人民共同富裕摆在更加重要的位置。"① 共同富裕是资本主义社会无法实现的。社会主义与资本主义的一个本质区别是，社会主义追求的发展是造福全体人民的发展，追求的富裕是全体人民的共同富裕。中国共产党全面领导的社会主义具有资本主义无法比拟的制度优势，全体人民的共同富裕包括城市公民和乡村居民的共同富裕。由此，十九大报告描绘了共同富裕的时间表：2035 年在全面建成小康社会的基础上，全体人民共同富裕迈出坚实步伐；2050 年在基本实现现代化的基础上，全体人民共同富裕基本实现。

① 习近平关于《中共中央关于制定国民经济和社会发展第十四个五年规划和二〇三五年远景目标的建议》的说明［OL］. 新华社新媒体，2020-11-03.

今天，中国人民早已告别了短缺经济时代，城乡居民收入都有大幅度提高，城乡发展差距扩大的趋势得到了一定程度的扭转。但也应看到，城乡发展差距仍在一定程度上存在，城乡发展不平衡不充分的问题仍在一定程度上存在。在今后相当长的时期里，农业、农村和农民问题仍是我国推动共同富裕进程中的重点问题（李实等，2021）。2004—2021年，中央一号文件连续18年锁定“三农”。十九大报告提出乡村振兴战略，旨在从根本上破解“三农”问题，补齐我国现代化建设方略最大短板。推进共同富裕，必须重视农业增效、农村发展和农民富裕。实现共同富裕，必须破除城乡之间的藩篱，推动生产要素向乡村集聚，使城乡居民共享全面建设社会主义现代化国家的成果。实施乡村振兴战略是解决城乡收入差距问题、实现城乡居民共同富裕的必然要求（黄祖辉，2018）。只有农民富起来了，全体人民才算富起来。只有农业发展起来了，农村面貌发生了根本性变化，中国才算真的发展起来。

二、革命老区：实施乡村振兴的重点区域

我国地域辽阔，不同区域之间的发展差距较大，不同乡村之间的发展差距也较明显。换言之，我国存在相对落后地区与发达地区之分，而就我国广大乡村而言，同样存在相对落后乡村与发达乡村之别。同样是乡村，其内部存在分化现象，乡村之间发展不平衡、不充分的问题仍然存在。在推动共同富裕和乡村振兴的实践中，很容易产生“精英捕获”现象（刘欢，2017）。关注发达乡村更容易出效果、出成绩，相对落后乡村地区的发展往往被我们所忽视，由此相对落后的老少边穷乡村很可能再次落入弱势地位。在革命战争年代，为保全革命力量，革命根据地大多布局在地理位置偏僻的乡村或山村。

革命老区在中国革命史上书写了辉煌而壮丽的篇章，在推进共同富裕的进程中，必须重视革命老区的持续发展和革命老区乡村的共同富

裕。然而，在中国乡村的版图上，在和平建设时期，在市场经济的发展历程中，正是由于革命老区地处地理位置较为偏僻的乡村，使得革命老区的大部分乡村相对落后。偏僻的地理位置制约了革命老区的经济发展，使得大部分老区的经济发展水平相对落后，村民增收乏力（李志萌和张宜红，2016）。如何让革命老区人民与全国人民一道，过上更加幸福美好的生活，业已成为政府日益关注的重要命题。本质上，共同富裕或乡村振兴是一个城乡区域之间的经济社会结构优化的问题，要求我们正确协调先富与共富、效率与公平、经济效益与社会效益之间的矛盾，将相对落后的老区乡村纳入推动实现共同富裕目标和实施乡村全面振兴的重点扶持地区。

三、红色资源价值转化：促进老区乡村振兴的内生动力

虽然革命老区大多处在地理位置偏僻的乡村或山村，偏僻的地理位置制约了革命老区的经济发展，但是，革命老区乡村的红色资源非常丰富，红色资源可以成为促进其乡村振兴的重要依托。充分挖掘与发挥这些红色资源优势，推进乡村红色资源价值转化，是一条革命老区乡村振兴的新路径。红色资源是中国共产党在领导全国各族人民进行革命斗争和现代化建设进程中所形成的，并能为今天所利用和开发的，具有重要价值的各种精神及物质载体的总和（张泰城和肖发生，2010）。红色资源不仅有政治、教育等价值属性，而且也具有经济价值和品牌价值。习近平总书记在视察南京军区机关时强调指出，要把红色资源利用好、红色传统发扬好、红色基因传承好。这一指示精神，为各地传承和弘扬革命传统、保护和利用乡村红色资源提供了基本遵循。

区别于城市红色资源保护与利用的研究与实践，本书基于共同富裕及乡村振兴背景，聚焦于探索乡村红色资源价值转化的路径、机制与模式研究。乡村红色资源保护传承是乡村红色资源价值转化的基本前提，

乡村红色资源价值转化是乡村红色资源创造性利用的核心内涵和具体路径。乡村红色资源的创造性利用则要求在持续巩固提升红色资源传承成果的基础上，推进红色旅游、红色教育及红色文化与绿色产业融合发展，进而提升红色品牌影响力和红色资源价值。乡村红色资源价值转化是乡村红色资源保护与利用的概念外延，是在保护乡村红色资源和识别红色资源价值的基础上，推进红色资源向红色旅游、思政教育、红色文创等领域的价值创造，实现社会、生态、文化和经济等价值获取的有机统一的过程（邓辉煌，2012）。

第二节　研究问题

如上所述，乡村振兴是推动共同富裕的必然要求，革命老区是实施乡村振兴的重点区域。革命老区在中国革命史上书写了辉煌而壮丽的篇章，然而，在市场经济的发展历程中，有不少革命老区乡村经济发展水平较低，村民增收相对乏力。红色资源是革命老区乡村特有的优势资源，革命老区的乡村振兴发展有赖于红色资源的价值转化，推进红色资源价值转化是一条革命老区乡村振兴的新路径。红色资源价值转化要求我们对红色资源进行保护传承，要求我们坚持正确的政治方向，保持红色资源的底色和基因。如何传承红色基因，推进红色资源价值转化，进而促进革命老区乡村振兴，是一个亟待解决的现实问题，也是一个亟待研究的科学问题。

综观文献，现有有关红色资源的理论研究较少关注价值转化问题，尚未深入分析促进乡村红色资源价值转化的机制、路径与模式。因此，考察乡村红色资源价值转化的作用机制、实践路径、模式选择等内容，具有重要的理论与实践意义。对这一问题的进一步思考，可以引申出如下四个问题：①乡村红色资源价值转化的内在作用机制是什么？②乡村红色资源价值转化的现实路径是什么？乡村红色资源价值转化有哪些具体模式？如何实现乡村红色资源价值转化的综合效益？

一、乡村红色资源价值转化的内在作用机制是什么

红色资源是革命老区乡村特殊的文化资源，是革命老区乡村经济社会发展的宝贵财富。实践中，不少乡村的红色资源分布在偏远农村或山区，呈现出单体资源价值不高、分布分散和产权主体复杂等特点，其价值转化难度大（毛嘉正和李玮，2020）。而在红色资源价值转化机制的既有研究中，偏重于将政府主导下的红色关联产业发展作为价值转化机制研究的重点，缺乏贯穿产业层面到企业层面的统一理论分析框架（孙伟，2020）。因此，潜在的乡村红色资源价值通过怎样的内在机制转化为现实的或更高的价值？这是一个值得深入研究的理论问题，弥补这一研究不足，对于乡村红色资源价值转化的实践工作，具有重要的启示意义。基于此，本书立足乡村红色资源特性，着重探究乡村红色资源价值转化的影响因素，并深入分析这些影响因素之间的内在联系及其作用机制。

二、乡村红色资源价值转化的路径是什么

乡村红色资源价值转化包括乡村红色资源保护、价值识别、价值创造和价值获取的有机统一的过程。红色资源价值转化研究现状表现为三多三少，即城市红色资源的研究较多，乡村红色资源的研究较少（黄三生等，2018）；红色资源保护的研究较多，红色资源利用的研究较少（阮晓菁，2017）；红色资源价值转化的单一路径的研究较多，红色资源价值转化的多元复合路径的研究较少（张文和王艳飞，2016）。实践中，不少革命老区只注重红色资源的保护，没有充分挖

掘和识别红色资源价值，偏重于关注红色资源如何转化为旅游价值，乡村红色资源价值转化路径单一，相关经营者的创新意识和自主开发意识不强，从而造成开发的红色资源产品趋于同质化（曹珺，2021）。因此，如何拓展乡村红色资源价值转化的产业领域及其转化路径，并通过乡村红色资源价值创造，将红色资源优势转化为乡村自我造血能力，这是一个值得深入研究的理论和实践问题。基于此，本书突破现有的单一乡村红色资源价值转化路径依赖，找到乡村红色资源价值转化的新路径，为政府及企业对乡村红色资源的开发与利用提供新思路。

三、乡村红色资源价值转化有哪些具体模式

乡村红色资源价值转化模式是其价值转化机制的具体实现形式，是对乡村红色资源价值转化实践做法的凝练与概括。然而，既有研究与现实需求尚存在较大缺口，使得实践界很少做到因地制宜地保护、利用和开发乡村红色资源（石培新，2020）。在红色资源价值转化模式的既有研究中，相关的案例研究较少（黄静波和李纯，2015）。针对不同乡村区域的红色资源禀赋，如何探究并归纳出相应的红色资源价值转化模式，推动乡村红色资源与当地其他资源的融合共生？对这一问题的深入分析得到的研究成果，能为各地促进乡村红色资源价值转化的实践，提供针对性的理论指导。基于此，本书拟选取典型的红色乡镇作为案例研究对象，重点考察各地促进乡村红色资源价值转化的具体实践和特色做法，进而总结出针对性的乡村红色资源价值转化模式。

四、如何实现乡村红色资源价值转化的综合效益

"三重底线"理论认为，经济效益、生态效益和社会效益三个维度，不是"非此即彼"而是"亦此亦彼"的关系（Elkington，1998）。然而，既有的相关研究大多关注红色资源价值转化的经济效益或是社会效益，缺乏对经济效益、社会效益和生态效益等多维度的综合考虑（万生更，2010）。首先，红色资源富集的乡村，地理位置偏远，经济发展相对落后，当地村民增收乏力，因此，乡村红色资源价值转化，不仅需要关注经济效益，也需要关注社会效益。其次，红色资源始终是中华民族宝贵的精神财富，也是支撑中华民族发展不可或缺的内在力量，因此乡村红色资源可以内化为促进乡村经济社会发展的动力。再次，红色资源富集的乡村，地理位置偏远，生态资源大多丰富，因而红色资源价值转化可以兼顾经济效益与生态效益。基于此，本书针对乡村红色资源价值转化效益，提出坚守经济、生态和社会效益"三重底线"，可持续地推进乡村红色资源价值转化的对策建议。

第三节 核心概念

一、红色资源与乡村红色资源

红色资源是中国共产党在领导全国各族人民进行革命斗争、现代化建设和改革实践中形成的，并能为今天所利用和开发，具有重要价值的各种精神及物质载体的总和（张泰城和肖发生，2010）。红色资

源具有内涵丰富性、时代教育性、精神传承性和分布广泛性等特征（李水弟等，2008；桂镕峰，2019），包括物质和精神两个层面（耿琪，2006）。其中，物质层面的红色资源包括革命历史遗迹、纪念馆、红色旅游路线、红色文学作品等；精神层面的红色资源是以爱国主义为核心的团结统一、爱好和平、勤劳勇敢和自强不息的伟大民族精神（耿琪，2006）。不仅如此，红色资源也是新时代高质量发展的精神原点，蕴含着强大的精神力量和丰富的时代价值。

在不少大都市分布着丰富的红色资源，不少偏远的乡村同样广泛地分布着宝贵的红色资源（陆晓强，2018）。乡村红色资源就是分布在革命老区乡村的红色资源，包括革命老区乡村的革命遗址、革命文物、革命事件，及其孕育出的红色革命精神（刘建平和李双清，2008）。乡村振兴是推动共同富裕的必然要求，革命老区乡村是实施乡村振兴的重点区域。实施乡村振兴和推动共同富裕的时代要求，赋予了乡村红色资源鲜明的时代内涵。革命老区的乡村振兴和共同富裕，有必要推动乡村红色资源价值转化。乡村红色资源是促进革命老区乡村振兴的特色资源和重要依托，保护、传承和发展这些红色资源，促进乡村红色资源价值转化，有助于革命老区乡村振兴目标的实现（黄三生等，2018）。

二、红色资源保护及其传承

红色资源具有不可再生性和不可复制性（李贤海和李文瑞，2011）。红色资源保护是以原真性、可逆性、整体性和永续性为原则，在尊重红色资源特性和保持红色资源的红色这一底色的基础上，通过科学合理和多样化的保护手段，对红色资源进行保护性修复、保护性整理，积极保持红色遗址的遗存状态，保持红色资源的原真性的过程（荣婷，2016；卢丽刚和时玉柱，2009）。红色资源保护是其传承、发展的前提和基础（李贤海和李文瑞，2011）。

当今，中国特色社会主义进入了新时代，新时代是中华民族从站起来、富起来到强起来伟大飞跃的时代，是党和人民继往开来、团结奋斗、开启全面建设社会主义现代化新征程的时代。新时代展现了新气象，取得了新成就，也面临着新形势、新问题。但红色基因不能变，红色血脉不能断，革命精神不能丢，红色资源需要保护和传承。红色资源传承就是在保护红色资源和保持红色资源的红色这一底色的基础上，可持续开发和创造性地利用红色资源，进而将红色资源发扬光大。共产党人不要忘记我们是革命者，不要丧失了革命精神。无论我们走得多远，都不能忘记来时的路，不能忘记为什么出发。

三、乡村红色资源利用及其价值转化

片面地强调红色资源的保护或利用，都不能更好地发挥红色资源价值，保护与利用是密不可分的统一体，二者相互依赖、相互促进（郝红岩，2018）。红色资源利用是在充分了解红色资源优势的基础上，坚持可持续发展、外力推进、内核吸引和媒介传播等为原则，以政企合作、突出特色、合理利用为基本方向，最大限度整合和挖掘现有红色资源，从而提升经济效益、生态效益和社会效益等综合效益的过程（万生更，2010）。只有在保护的基础上，合理地开发利用，或是在利用过程中有效地保护和传承，才能更好地促进红色资源的可持续利用，才能最大限度地实现红色资源的价值（石培新，2020）。无疑，红色资源利用不能以破坏其原貌为代价，红色资源保护是红色资源利用的前提，也不能一味地保护而不加以利用（郝红岩，2018）。红色资源的可持续利用指明了红色资源利用的方向，但红色资源利用具有时代性，这要求对红色资源进行创造性利用。红色资源的创造性利用是指在持续巩固提升红色资源传承成果的基础上，推进红色旅游、红色教育及红色文化与绿色产业融合发展，进而提升红色品牌影响力和红色资源的价值（卞成林，2020）。

红色资源是宝贵的精神财富，是新时代高质量发展精神原点，蕴含着强大的精神力量和时代价值。红色资源时代价值不仅有着重大政治、教育等价值属性，也具有重大经济价值和品牌价值。红色资源价值转化是指经营主体对红色资源进行认识、保护、开发和利用，将潜在的红色资源价值转化为现实的、更高的或多方面价值的过程（赵翔翔，2000；万生更，2010）。红色资源只是一种静态的资源，具备产生价值的可能。但是，如果没有价值转化过程，就不能转化为现实的经济、生态和社会效益（赵翔翔，2000）。红色资源价值转化是一个从红色资源价值发现、价值创造到价值获取的一体化过程。红色资源价值发现是在红色资源保护与传承的基础上，对红色资源价值进行挖掘与识别的过程。红色资源价值创造是相关经营主体通过一连串的流程与活动并配合相关资源和能力，提供顾客所需要的红色旅游、红色教育或红色文创等产品和服务的过程。

第四节　本章小结

中国特色社会主义优越性的显著特征是走共同富裕道路。共同富裕是在经济社会发展到一定程度的基础上，依据社会主义公平正义原则，全体人民共同分享社会发展成果，普遍过上富裕生活的一种愿景。实现全国各地和全体人民的共同富裕，必须重视农村的发展，重视农民的富裕。我国城乡之间发展不平衡、不充分的问题依然存在，实施乡村振兴战略是实现城乡居民共同富裕的必然要求，就是要解决城乡收入差距问题。革命根据地大多分布在地理位置偏僻的乡村或山村，偏僻的地理位置制约了革命老区的经济发展。革命老区乡村是革命老区和乡村地区的交集，因而成为推动实现共同富裕目标和实施乡村全面振兴的重点扶持地区。革命老区的振兴发展在一定程度上有赖于红色资源的价值转化，推进红色资源价值转化是一条革命老区乡村振兴的路径选择。

由此可见，研究乡村红色资源的价值转化具有重要的理论与实践意义。然而，现有有关红色资源的理论研究较少关注价值转化问题，或是对红色资源价值转化的概念界定不够清晰，也尚未深入分析促进乡村红色资源价值转化的机制、路径与模式。因此，考察乡村红色资源价值转化的作用机制、实践路径、模式选择、对策建议等方面具有重要的理论与实践意义。对这一问题的进一步思考可以引申出如下四个子问题：乡村红色资源价值转化的内在作用机制是什么？乡村红色资源价值转化的路径是什么？乡村红色资源价值转化有哪些具体模式？如何实现乡村红色资源价值转化的综合效益？

红色资源具有内涵丰富性、时代教育性、精神传承性、分布广泛性等特征，蕴含着强大的精神力量和丰富的时代价值。乡村红色资源就是分布在革命老区乡村的红色资源，包括革命老区乡村的革命遗址、革命文物、革命事件及其孕育出的红色革命精神。乡村振兴和共同富裕的时代特点和要求，赋予了乡村红色资源鲜明的时代内涵。革命老区的乡村振兴和共同富裕，有必要推动乡村红色资源价值转化。

红色资源保护与利用是密不可分的统一体，二者相互依赖、相互促进。红色资源保护是以原真性、可逆性、整体性和永续性为原则，在尊重红色资源特性的基础上，通过多样化保护手段积极保持红色遗址的遗存状态，保持红色资源的原真性的过程。红色资源利用是在充分了解红色资源优势的基础上，坚持可持续发展、外力推进、内核吸引和媒介传播等为原则，以政企合作、突出特色、合理利用为基本方向，最大限度整合和挖掘现有红色资源，从而提升经济效益、生态效益和社会效益等综合效益。红色资源价值转化是指经营主体对红色资源进行认识、保护、开发和利用，将潜在的红色资源价值转化为现实的、更高的或多方面价值的过程。红色资源价值获取旨在平衡顾客价值与企业价值之间的关系，从而实现企业的综合效益。

第二章　文献回顾

第一节　红色资源利用

红色资源的相关研究可追溯到红色文化研究。红色文化是在革命时期兴起的一种革命文化，具有经济、社会、政治、历史教育等多方面的价值（万生更，2010）。多数学者将红色文化视为一种文化资源，称之为红色文化资源。广义的红色资源是一切革命活动中凝结的、顺应历史潮流的人文景观和爱国主义精神。狭义的红色资源是在中国共产党领导广大人民进行革命战争所形成的精神文化财富（谭冬发和吴小斌，2002；张泰城、肖发生，2010；耿琪，2006）。红色资源保护与利用具有重要的历史与现实意义（郑良军，2011）。早期的研究关注红色资源的保护，并重点探讨红色资源保护的原则、手段和机制。研究者认为，认为红色资源的保护应当遵循原真性、可逆性、整体性和永续性等原则，通过多样化保护手段，积极保持红色遗址的遗存状态，保持红色资源的原真性（荣婷，2016）。也有学者指出，自上而下推进的红色资源保护，会使保护的参与者缺乏对红色资源保护的责任感，进而影响保护效果（陈建平，2009）。

理论上，学者指出红色资源保护与利用是密不可分的统一体，二者相互依赖、相互促进（郝红岩，2018）。一方面，红色资源利用是在红色资源保护的前提下进行的，决不能以破坏其原貌为代价；另一方面，红色资源保护又是在利用的基础上进行的，不能一味地保护而不利用（郝红岩，2018）。换言之，不能片面地强调红色资源保护或红色资源利用，只有在红色资源保护的基础上，合理地开发利用，或是在利用的过程中有效地保护和传承，红色资源的价值才得以最大限度地实现。只有在合理利用红色资源发展经济的同时，也注意对红色资源的保护，才能更好地促进红色资源的可持续利用（石培新，2020）。需要指出的是，由于红色资源利用具有时代性，要求我们对红色资源进行创造性利用。红色资源的创造性利用旨在持续巩固并提升红色资源传承成果，推进红色旅游、红色教育、红色文化与绿色产业的融合发展，进而提升红色品牌影响力和红色资源价值（卞成林，2020）。

第二节　红色资源价值转化

理论上，能满足消费者的需求并具有稀缺性的资源，才具有价值（倪自银，2006）。价值的概念源于顾客价值，顾客价值是指顾客从拥有和使用某产品中所获得的价值与为取得该产品所付出的成本之差。随后，从顾客价值延伸出了企业价值的概念。企业价值是指企业（经营主体）从拥有和使用某种资源所获得的价值与为取得该资源所付出的成本之差。红色资源具有政治、教育、文化、经济和社会等多方面的价值（万生更，2010），红色资源价值是指经营主体从拥有和使用某种红色资源所获得的价值与为取得该红色资源所付出的成本之差。如果没有价值转化，红色资源只是一种静态的资源，它只具备产生价值的可能，而不能转化为现实的经济效益和社会效益（赵翔翔，2000）。因此，经营主体需要对其拥有和使用的红色资源进行价值转化，尽量使红色资源利用效益的最大化。进一步，学者对红色资源价值潜力及效能评价进行了研究，方世敏和邓丽娟（2013）构建了包括资源要素价值、资源影响力、附加值3个维度及其7个因子的红色旅游资源价值评价体系。此外，二元语义评价（岳毅蒙，2017）、BP神经网络（葛鸿雁，2017）和层次分析（翁钢民，2006）等方法，也被运用到红色旅游资源评价模型构建中。

乡村红色资源价值转化是指经营主体对乡村红色资源进行认识、保护、开发和利用，将潜在的红色资源价值转化为现实与更高价值的过程（赵翔翔，2000；万生更，2010）。当今及今后若干年，乡村现代化的时代主旋律是乡村振兴，这也赋予了乡村红色资源价值的时代性。革命老区乡村大多经济发展水平低、村民增收乏力，因而成为乡村振兴的重点区域。红色资源是革命老区乡村的优势资源，因地制宜地利用当地红色文化资源，推进这些红色资源价值转化，是促进革命老区乡村振兴的新路径（邓安娜等，2020）。红色资源的价值转化能促进革命老区乡村的产业发展，改善乡村生态环境，推动乡风文明建设，创新基层治理和保障改善民生（曾宜富，2015；毛宇，2019；文斌等，2020；张春桃，2020）。

第三节　红色资源价值转化机制

通常，价值转化是一个从价值发现、价值创造到价值获取的一体化过程（王丽平和胡雪洁，2014）。价值发现需要寻找价值所面向的目标顾客，并诠释这一客户群的价值主张。价值创造回答的是价值主张如何创造出来的问题，即经营主体如何通过一连串的流程与活动并配合相关资源和能力，从而制造或提供顾客所需要的产品和服务。价值获取旨在平衡顾客价值与企业价值之间的关系，从而实现企业获利。遵循这一理论逻辑，乡村红色资源价值转化机制，就是一个从乡村红色资源价值发现、价值创造到价值获取的一体化过程机制。现有研究偏重于关注红色资源转化为政治、教育和社会等方面价值的转化价值，对红色资源如何转化为经济价值研究的较少（左冰，2014）。理论上，红色资源可以成为提升区域发展的内生动力，成为区域经济发展的重要动能。红色资源价值转化的领域不仅包括红色旅游和红色教育，而且也包括红色文创、红色影视演艺等多个产业领域。这些红色关联产业之间的深度融合，将迭代出更多的新业态。

然而，既有有关红色资源经济价值转化机制研究，大多局限于在红色旅游研究方面。红色旅游市场不断升温，为红色旅游的开发利用带来了新的机遇（张迪和崔燕，2020）。红色旅游产品开发包括红色旅游产品的主题、资源、市场和产品四大要素，开发的核心是围绕主题的整合与创新，红色旅游产品的主题是红色旅游产品开发的核心、灵魂和关键（范力和焦世泰，2013）。有学者运用协同理论，提出了基于区域联盟的红色旅游资源有效整合、合作共享的发展模式（刘建平等，2020）。学者认为，对红色旅游价值的共同创造，可以帮助目标区域实现可持续发展，提供整体体验，从而满足游客和旅游业的需求（Boukas & Ioannou，2020）。红色旅游的跨产业融合与企业间合作，能产生明显的政治、经济、社会、文化和生态等综合效益（周美静和许春晓，2019）。红色资源的开发利用应以重大历史事件为点，以历史进程脉络为线，以不同的革命根据地为面，以受众的实际需要为纲，通过点、线、面与纲的结合，拓展红色资源价值（匡胜和陈胜华，2009）。

实际上，红色资源承载着革命记忆，是特殊的文化资源，具有历史见证、精神教育、促进发展等价值，是经济社会发展的宝贵财富（刘建平等，2020）。有学者从红色文化内涵、传播途径、开发利用模式等创新的角度，提出了红色文化传播与转化路径（王中强，2019）。也有学者关注到乡村振兴背景下的乡村红色资源价值如何转化的机制问题，认为乡村振兴要以村民为中心，要让村民富起来，在经济上有更多的获得感。换言之，乡村红色资源价值既应转化为经济效益，更要以村民为中心，把富民与强村结合起来，也就是转化为社会价值（曾维和与咸鸣霞，2019）。乡村是村民赖以生存的场所，村民不仅可以依靠旅游带动就业获得收入，也可以通过流转资源享有股权，从而共享旅游红利（邹统钎，2020）。与此同时，有学者关注到乡村红色资源的生态价值转化机制，认为乡村红色资源价值转化应当充分挖掘红色文化中所蕴含的生态思想。这些学者认为，红色旅游可以与生态旅游的结合（龙婷和龚云，2012），红色精神也可以寓于绿色发展之中（李垣，2018）。挖掘红色文化中所蕴含的生态思想，既能让绿水青山成为农民的福祉载体，又能提高农民保护绿水青山的自觉性与积极性（邹统钎，2020）。

第四节　红色资源价值转化模式

理论来源于实践，并服务于实践。红色资源价值转化机制研究，侧重于探究红色资源价值转化相关变量之间的影响因素，并由此得到一些普适性的规律。然而，各地的红色资源禀赋不同，红色资源价值转化面临的情境也存在差异。由此，新近的研究越来越重视从实践出发，剖析红色资源价值转化的情境机制，进而归纳出红色资源价值转化的具体实践模式。在此研究中，以红色资源转化旅游价值的模式最为丰富（高海生和周振国，2006）。学者关注到红色文化与旅游融合发展的新趋势，认为红色资源蕴含着丰富的文化内涵（匡胜和陈胜华，2009），红色资源与旅游的融合催生了红色旅游模式。红色旅游具有增加阅历、振奋民族精神、传承文明等多重属性，能带动相关产业共同发展，创造出巨大的社会经济效益（范力等，2013）。

有学者指出，各地的红色资源形式不一，存在一定的互补性，因而红色旅游形式也将呈多样化的融合发展态势（邓显超和邓海霞，2016）。乡村振兴战略的提出，为乡村红色旅游的发展提供了有力的支撑。学者认为，乡村红色旅游是红色旅游与乡村旅游的结合，合理开发和利用好这些旅游资源，能够改善乡村产业结构，带动乡村经济的发展，改善农民生活（舒晓惠等，2020）。也有学者指出，当今，党和政府大力推进社会主义生态文明建设，社会主义生态文明建设既可积极借鉴西方绿色生态发展理念中的有益成果，又可以充分挖掘红色文化中所蕴含的生态思想，寓红色精神于绿色发展实践之中，进而形成具有中国特色的红绿融合发展模式（李垣，2018）。

教育价值是红色资源最基本的价值，红色资源是精神教育的重要素材。由此，红色资源转化为教育价值的模式研究也日益受到学者的重视。学者指出，面对多元文化的冲击，当代青年容易缺乏理想信念，而红色文化作为优秀的传统文化，既有正确的政治方向，又蕴含丰富的精神力量，是进行爱国主义、革命传统和思想政治教育的重要资源（苏磊，2012；向国华和何其鑫，2015）。通过对红色资源所承载的革命先辈价值观、人生观及人生精神的思考，有助于坚定我们的理想信念，树立正确的价值追求。红色资源是培育理想信念的精神沃土，是壮大党的群众基础和增强党的责任意识的有力支撑，是推进党的理论创新和提高理论纯洁性的重要抓手，是塑造清正廉洁和保持党的作风纯洁性的强大动力（马静，2016）。

进一步，新进的学者不再局限于红色资源如何转化为旅游价值或教育价值，而是开始关注如何拓展红色资源价值转化领域的议题。有学者关注到红色资源如何赋能文化创意产业，认为红色文化创意产品是推动红色资源价值转化的新型载体（鲍娴和管慧勇，2021）。具体而言，红色文化创意产业是将红色文化与文化创意进行有机结合，旨在传承红色基因、传播红色文化（杨燕群，2016）。通过红色文化创意的转化，红色文化可以成为有市场价值的文创产品（王薇和谢一槐，2018)。可以利用科技的优势，融合先进技术和红色文化资源，推动红色文化创意产业的发展，这既能活化红色文物，也有助于多维度地传播红色文化（卢丽刚和易修政，2010)。与此同时，红色资源也催生了红色影视演艺行业的发展。红色影视演艺是反映革命战争年代的爱国主义精神、和平年代的时代精神的故事和人物事迹的经典影视作品，包括红色经典电视剧、电影、红色主题纪录片、红色文艺演出视频等（孔祥志，2020)。学者指出，作为红色文化在现实中的产物，红色影视影艺具有独特性（程婧和申欣鑫，2021)；而作为传承红色文化的重要载体，红色影视影艺有鲜明的民族性（徐甜，2020)。

随着研究的深入，新近的研究视角也开始从关注红色资源转化的单一模式，转向关注红色资源转化的组合模式。例如，红色资源转化为旅游和教育价值的组合模式、红色资源转化为文化创意、红色资源转化为影视演艺和教育价值的组合模式等。学者认为，教育价值是红色文化产品特有的价值，红色旅游能够与红色思想政治教育紧密结合起来（范力等，2013)。红色文化创意产品也可以让游客从视觉形象和文化创意产品中，感受到其传达的红色革命精神，实现对红色革命历史和文化的传承与弘扬（李万斌，2017)。深入挖掘红色故事，通过音画、灯光、舞美等不同方式，全方位诠释革命年代的残酷和激情的红色经典影视演艺，更能激发青年们的理想、责任、梦想和追求（张晔，2020)。引进芭蕾舞、话剧等形式红色文化演出，与红色旅游、红色教育联动，能激活红色文化演艺市场。推进红色文化与地方戏曲结合，扶持红色民间艺术团发展，能开发特色红色文化演艺产品（白鹏飞，2017)。运用影视资源、影视作品等丰富的影视素材，借助多媒体教学来展现红色文化，也是一种实现思想政治教育的手段与方法（张家祥，2019)。

第五节　研究现状评析

一、研究现状总结

红色资源保护与利用是密不可分的统一体，二者相互依赖、相互促进（郝红岩，2018）。在合理利用红色资源发展经济的同时，也应注重对红色资源的保护，才能更好地促进红色资源的可持续利用（石培新，2020）。红色资源利用具有时代性，这要求对红色资源进行创造性利用。红色资源的创造性利用旨在持续巩固提升红色资源传承成果，推进红色旅游、红色教育、红色文化与绿色产业的融合发展，进而提升红色品牌影响力及其资源价值（卞成林，2020）。

红色资源价值是指经营主体从拥有和使用某种红色资源所获得的价值与为取得该红色资源所付出的成本之差。红色资源具备产生价值的可能，只是一种静态的资源。通过红色资源的价值转化，才能变为现实的经济效益和社会效益（赵翔翔，2000）。红色资源价值转化是指经营主体对红色资源进行认识、保护、开发和利用，将潜在的红色资源价值转化为现实与更高价值的过程（赵翔翔，2000；万生更，2010）。革命老区乡村大多经济发展水平低、村民增收乏力，因而成为乡村振兴的重点区域。但革命老区乡村有着红色资源这一优势资源，因地制宜地利用当地红色文化资源，推进红色资源价值转化，是一条促进革命老区乡村振兴的新路径（邓安娜等，2020）。

红色资源价值转化就是一个从红色资源价值发现、价值创造到价值获取的一体化过程。现有研究偏重于关注红色资源转化为政治、教育和社会等方面价值的转化价值，对红色资源如何转化为经济价值的研究较少（左冰，2014）。对红色资源经济价值转化的既有研究，大多集中在红色资源如何转化为旅游价值方面的研究。红色旅游的跨产业融合或企业间合作，可以产生明显的政治、经济、社会、文化和生态等综合效益（周美静和许春晓，2019）。乡村振兴背景下的乡村红色资源价值转化，既应转化为经济效益，更要以村民为中心，把富民与强村结合起来（曾维和与咸鸣霞，2019）。乡村红色资源价值转化应当充分挖掘红色文化中所蕴含的生态思想，将红色旅游与生态旅游的相结合（龙婷和龚云，2012），寓红色精神于绿色发展之中（李垣，2018）。这既能让绿水青山成为农民的福祉载体，又能提高农民保护绿水青山的自觉性与积极性（邹统钎，2020）。

新近的研究越来越重视从实践出发，探索红色资源价值转化实践的具体模式。此类研究以红色资源转化旅游价值的模式最为丰富，红色资源蕴含着丰富的文化内涵（匡胜和陈胜华，2009；向国华和何其鑫，2015），红色资源与旅游的融合催生了红色旅游模式。乡村红色旅游就是红色旅游与乡村旅游的结合，合理开发和利用好这些旅游资源，能够带动乡村经济的发展，改善农民生活，改善乡村产业结构（舒晓惠等，2020）。红色文化创意产品通过红色文化创意的转化，从而成为有市场价值的文创产品（王薇和谢一槐，2018）。红色影视影艺是反映革命战争年代的爱国主义精神、和平年代的时代精神的故事和人物事迹的经典影视作品，包括红色经典电视剧、电影、红色主题纪录片、红色文艺演出视频等（孔祥志，2020）。最新的研究视角也开始从关注红色资源转化的单一模式，转向关注红色资源转化的组合模式。学者认为，教育价值是红色文化创意产品特有的价值。运用影视资源、影视作品等丰富的影视素材，借助多媒体教学来展现红色文化，也是一种实现思想政治教育的手段与方法（李万斌，2017；张家祥，2019）。

二、现有研究评述

综上所述，学术界对红色文化资源进行了不断探索，这对于推动乡村红色资源价值转化的路径探索与模式创新是十分有益的。然而，红色资源价值转化是一项复杂的工作，在红色资源价值转化的路径、机制与模式的研究领域中，仍存在大量悬而未决的科学问题。通过对现有文献的综合分析，本书试图关注如下科学问题。

(1) 在红色资源价值转化路径的既有研究中，其研究视角局限于红色资源如何转化为旅游价值的问题，对红色资源与思想政治教育、文化创意、生态经济之间的关系及其转化路径的研究较少。实践中，也没有充分挖掘和识别红色资源价值，表现为红色资源价值转化路径单一，开发的产品趋于同质化。实际上，促进红色教育、红色文创、红色影视等产业融合，能为区域内生发展提供新动力。因此，红色资源价值转化的产业领域及其转化路径的研究有待深入。

(2) 在红色资源价值转化的既有研究中，通常以政府主导下的红色关联产业发展作为价值转化研究的重点，这些研究建立在政府能主动顺应市场规律的基础上，相关的案例和实证研究较少。但是，政府能否有效利用市场规律，如何处理好有形之手到无形之手之间的关系，企业如何参与红色资源价值创造？红色资源价值创造又受哪些因素影响？如何激发企业对红色资源价值转化的创造力？均有待深入研究。

(3) 红色资源价值转化模式是其价值转化机制的具体实现形式，但有关红色资源的研究大多停留在红色资源价值转化的理论研究上，实践中也没有做到因地制宜地推进，相关的案例研究也较少。由于不同区域的红色资源禀赋及其经济发展水平存在差异性，针对性的探究并归纳出相应的红色资源价值转化模式，更能为各地促进红色资源价值转化实践提供针对性地理论指导。

（4）现有的红色资源研究大多以典型的城市红色资源为研究对象，关注红色资源价值转化如何促进区域经济增长。实际上，革命老区大多处于偏僻落后的乡村，是乡村振兴的重点区域，其乡村红色资源也较为丰富，因而完全可以通过红色资源价值转化来促进革命老区的乡村振兴。虽然少量研究开始关注到红色资源在乡村振兴中具有独特价值，但尚未充分考虑当地村民如何合理获取乡村红色资源价值转化的综合效益。因此，非常有必要探索革命老区乡村红色资源价值转化的路径，并深入分析红色关联产业发展惠及当地村民的机制与模式。

第三章　研究设计

第一节　研究目的

毋庸置疑，乡村振兴既要塑形又要铸魂，乡村振兴赋予了乡村红色资源鲜明的时代价值。革命老区实施乡村振兴战略有必要传承和发展红色资源，着力促进乡村红色资源的价值转化。纵观文献，研究者虽然在红色资源的保护、利用与传承方面进行了许多有价值的研究，但是对红色资源价值转化方面的研究仍然较少，特别是对红色资源价值转化的内在机制、实践路径、模式选择等方面的研究不多。在推进乡村振兴和共同富裕的政策背景下，乡村红色资源价值转化的研究领域中，尚存在大量悬而未决的科学问题。例如，乡村红色资源价值转化的内在作用机制是什么？乡村红色资源价值转化的路径是什么？乡村红色资源价值转化有哪些具体模式？如何实现乡村红色资源价值转化的综合效益等。

围绕上述研究问题，本书综述红色资源保护传承、红色资源创造性利用及其价值转化等相关理论文献，基于乡村振兴和共同富裕的政策情境，开展对浙江省丽水市典型红色乡镇（街道）的实地走访及其数据的扎根理论分析，构建乡村红色资源价值转化的概念模型。结合理论拓展、问卷设计与数据收集，探讨乡村红色资源价值发现、价值创造与价值获取之间的关系，对乡村红色资源价值转化机制概念模型加以验证，探索乡村红色资源价值转化实践中存在的现实瓶颈与实践路径。在此基础上，对典型红色乡村进行案例分析，将乡村红色资源价值转化模型运用于实践，归纳乡村红色资源价值转化的具体模式，提出进一步促进乡村红色资源价值转化的对策建议。本书不仅有助于丰富乡村红色资源及其价值转化的理论研究，对革命老区乡村如何通过红色资源价值转化推动乡村振兴与共同富裕的实践也具有借鉴启示价值。

第二节 总体构思

根据研究目的和理论聚焦，本书坚持正确的政治方向，遵循“问题提出→现状调研→机制构建→路径探索→模式选择→对策建议”的研究思路，重点研究红色资源价值转化的内在机制、实践路径、模式选择与前瞻性对策建议。一是利用扎根理论方法构建乡村红色资源价值转化机制的概念模型，并通过对问卷数据的实证分析，对该模型进行检验。二是利用层次分析法，从事前与事后两个角度，分别构建乡村红色资源价值转化潜力评价指标、价值转化效能评价指标及其各指标相应的权重。三是基于对问卷数据的统计分析，揭示乡村红色资源价值转化实践中存在的现实瓶颈，并通过对典型红色乡村进行案例分析，探索归纳乡村振兴背景下乡村红色资源价值转化的实践路径。四是通过对典型红色乡村进行案例分析，将乡村红色资源价值转化模型运用于实践，并总结归纳乡村红色资源价值转化的实践模式。五是结合上述理论与实践研究，运用系统研究方法，提出进一步促进乡村红色资源价值转化的对策建议。本书的总体构思框架，如图 3-1 所示。

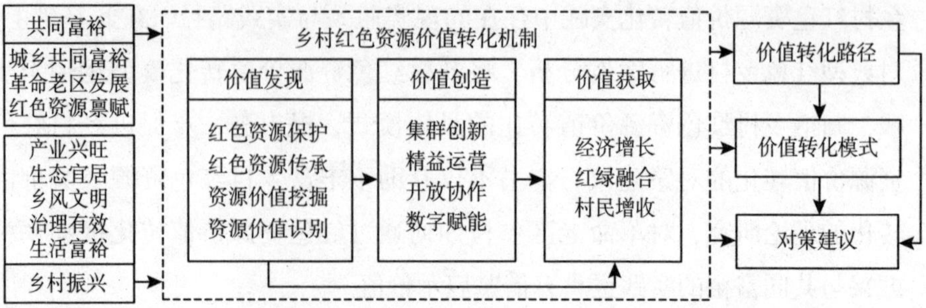

图 3-1 本书的总体构思框架

第三节 研究设计

围绕上述研究目标及总体构思框架，本书分为以下五个方面的研究。

一、乡村红色资源价值转化的机制模型

已有文献对乡村振兴、红色资源保护和利用红色资源方面的研究及对乡村红色资源价值转化机制研究有着有益的启示价值，但是针对乡村红色资源，并集成政府宏观、产业中观与企业微观视角的乡村红色资源价值转化机制的理论与实证研究等，尚存在较大的研究空间。基于此，本研究以浙江省丽水市典型红色乡镇为研究对象，收集数据，并遵循开放编码、主轴编码、选择编码的扎根理论分析步骤，试图构建乡村红色资源价值转化机制的概念模型。进一步，采用李克特5级制量表进行问卷设计，通过问卷数据收集、信效度检验、相关性分析及回归分析，对上述乡村红色资源价值转化机制概念模型进行实证检验，试图探索乡村红色资源价值向乡村振兴动能转化的内在机

制，从而为本研究提供理论分析框架。

二、乡村红色资源价值转化的评价体系

已有的有关资源开发潜力及其开发效能评价的研究较为丰富，但以乡村红色资源为评价对象的研究仍比较缺乏。少量有关红色资源价值转化评价局限于关注对发展红色旅游所产生经济效益的评价，忽略了对其社会、生态等多方面效益的综合评价。实际上，乡村红色资源价值转化评价是一个连续和动态过程，有必要建立起其转化前的潜力及其转化后的效能的综合价值评价体系。基于此，本研究试图利用层次分析法，从事前与事后两个角度，以综合性、实用性、科学性作为评价体系构建原则，分别构建乡村红色资源价值转化潜力评价指标、价值转化效能评价指标，并对上述各指标进行相应的权重设定，从而为乡村红色资源价值转化相关决策实践，提供理论参照。

三、乡村红色资源价值转化的实践路径

已有对乡村振兴、红色资源保护和利用红色资源方面的理论研究，与乡村红色资源价值转化的实践需求之间，尚存在较大缺口。由于乡村红色资源价值转化理论研究的不足，使得不少地方在只注重乡村红色资源保护的同时，没有充分挖掘识别乡村红色资源价值进而创造更大的价值。基于此，本研究基于前述的扎根理论分析及问卷研究，设计调研问卷，基于丽水市 61 个红色乡镇（街道）的调研获取数据，分析样本地区在乡村红色资源价值转化实践中存在的现实瓶颈，并以丽水市遂昌县王村口镇、龙泉市住龙镇、丽水市老竹镇、青田县万山乡、松阳县大东坝镇 5 个典型红色乡镇为案例分析对象，探

索乡村红色资源价值转化路径。

四、乡村红色资源价值转化的模式选择

在红色资源价值转化的既有研究中，其研究视角局限于红色资源如何转化为旅游价值的问题，转化路径单一，开发的产品趋于同质化，对红色资源与思想政治教育、文化创意、生态经济之间的关系及其转化路径的研究较少，相关的案例研究也相对缺乏。基于此，本研究以浙江丽水遂昌县王村口镇、龙泉市住龙镇、青田县章村乡、庆元县竹口镇、青田县万山乡 5 个红色乡镇作为典型案例，重点这些红色乡镇的资源禀赋、红色资源价值转化潜力、红色资源价值转化的实践模式，并概括相应的乡村红色资源价值转化模式，从而为各地根据自身的资源禀赋，针对性地促进红色资源价值转化的实践，提供实践借鉴与理论参照。

五、促进乡村红色资源价值转化的对策建议

利用上述理论研究、案例分析与实证研究结果，针对各地乡村红色资源价值转化实践中存在的现实瓶颈，开展乡村红色资源价值转化的对策研究。从乡村红色资源价值发现、价值创造及其价值获取三个维度，重点研究促进乡村红色资源价值转化的一系列对策建议，包括持续夯实乡村红色资源价值转化根基、动态挖掘乡村红色资源价值转化潜力、加快促进乡村红色关联产业链升级、着力提升乡村红色文化品牌美誉度、不断优化红色关联企业治理结构、加快推进运营企业数字化转型、有效提高村民参与度与获得感等。

第四节 研究技术路线

根据研究的总体构思框架与上述的研究设计，本书的研究技术路线及其研究方法，如图 3-2 所示。

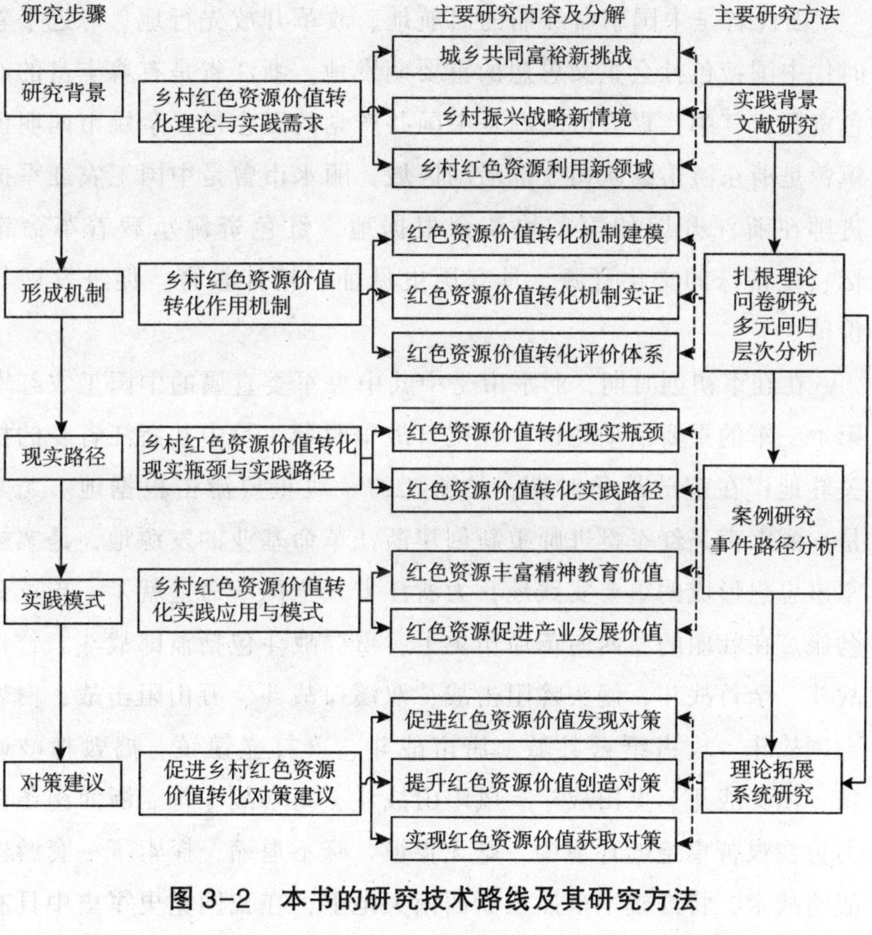

图 3-2 本书的研究技术路线及其研究方法

第五节 实证研究取样

一、样本区域的选择

浙江省是中国革命红船的启航地、改革开放先行地、习近平新时代中国特色社会主义思想的重要萌发地。浙江省是有着丰富的红色资源，其中，嘉兴市南湖是中国共产党的诞生地，余姚市四明山镇曾是浙东游击纵队司令部活动区域，丽水市曾是中国工农红军挺进师在浙江开辟的第一块革命根据地。红色资源承载着革命记忆，是特殊的文化资源，具有历史见证、精神教育、促进发展等价值。

在红军初创时期，丽水市是中共中央军委直属的中国工农红军第十三军的重要活动地区；在抗日战争时期，是中共浙江省委的机关驻地；在解放战争时期，是浙江的一块重要游击根据地。尤其是，丽水市是红军挺进师重新创建浙江革命基业的发源地，是粟裕军事思想形成的重要实践地，为浙江省及全国革命造就了一支革命劲旅。在壮丽的浙西南革命历史上，重要战斗包括斋郎战斗、竹口战斗、金竹战斗、馒头岭阻击战、双溪口战斗、万山阻击战、白岩突围战斗、攻占缙云县城、唐市战斗、攻打壶镇镇、捣毁梅岐碉堡、溪头战斗、上田战斗、凤阳山战斗、高亭战斗等。浙西南革命力量在艰苦卓绝的环境中，毫无畏惧、毫不退缩，探索了一套游击战略战术，将红旗牢牢插在浙西南大地上，在我国党史军史中具有重要地位。

丽水市共有 61 个红色乡镇（街道）和 129 个红色村落，如表 3-

1所示。自2019年以来，丽水市不断地将红色基因融入乡村振兴战略，并以红绿融合激发其经济发展新动能，率先探索了乡村红色资源价值向乡村振兴的动能转化路径，初步形成了在习近平总书记提出的“绿水青山就是金山银山”① 的理念（简称“两山”理念）指引下高质量绿色发展新模式。因此，以浙江省丽水市的红色乡镇（街道）及其红色村落为调研样本，来探索乡村红色资源价值转化的机制、路径与模式，具有典型性和代表性。

表3-1 丽水市红色乡镇及其红色村落列表

县市区	红色乡镇	红色村落
莲都区	老竹镇、岩泉街道、太平乡、雅溪镇、仙渡乡、峰源乡	葛畈村、梅田村、何金富村、新陶村、库坑垟村、赛源村、大港头村、雨伞岗村、巨溪村、岱后村、厦河村、碧一村、南坑村、保定村、缸窑村、马村村、皂坑村、滴水岩村
遂昌县	王村口镇、大柘镇、金竹镇、云峰街道、垵口乡、龙洋乡、西畈乡、湖山乡、三仁畲族乡	桥东桥西村、苏村村、柘溪上村、门阵村、梭溪塘、岭村、埠头洋村、姚岭村、沙口村、官塘村、大茂、葛程村、湖岱口、兰蓬村、徐村、坑口村、垵坑村、新路湾村、九龙口村、大洞源村、田铺村、后塘村、独山村、大田村、后垄村、大觉村、十三都村

① 2005年8月，时任浙江省委书记的习近平在浙江省安吉县余村考察，首次提出“绿水青山就是金山银山”的发展理念。

续表

县市区	红色乡镇	红色村落
松阳县	安民乡、枫坪乡、大东坝镇、古市镇、玉岩镇、板桥乡、象溪镇	安岱后村、斗潭村、高亭村、丁坑村、小吉村、桐榔村、塘后村、竹溪村、梨树下村、山乍口村、南胜村、高寮村、燕田村、内大阴、外大阴、横樟村、李坑村、枫坪村、钱余村、沿坑岭头村、黄埠坞村、梨树岗村、玉岩村、乌岩村、黄上村、黄下村、后畲村、小竹溪村、呈田村、周岭根村、大岭头村
龙泉市	住龙镇、岩樟乡、竹垟乡、宝溪乡、城北乡	住溪村、西井村、坑源底村、溪头村、季山头村、水塔村、上田村、山溪口
庆元县	五大堡乡、百山祖镇、官塘乡、竹口镇、淤上乡、张村乡、黄田镇、龙溪乡	斋郎村、久住洋村、合湖村、三堆村、濛淤村、崔上村、淤上村、安隆村、冯家山村、白柘洋村、竹上中下三村
景宁县	梅岐乡、毛垟乡、九龙乡、家地乡、东坑镇	大张坑村、桂远村、坪坑村、炉西村、王湾村、库头村、榅茶口村
云和县	安溪畲族乡、元和街道、石塘镇	黄家地村、上村、下武村、严山村、梅湾村、沈庄村、下村、王荫山村、小顺村、徐湖村
青田县	祯旺乡、章村乡、高湖镇、万山乡、北山镇、小舟山乡、黄垟乡、东源镇、吴坑乡、仁庄镇、腊口镇	吴畲村、吴村村、内冯村、万山村、罗溪村、颜宅村、石平川村、外黄垟村、峰山村、箬坑村、黄员平村
缙云县	五云街道、壶镇镇、新建镇、大源镇、大洋镇、三溪乡、双溪口乡	双溪口村、黄弄坑村、高潮村、沈宅村、新宅村、金竹村、稠门村、小章村、岭后村、北坑村、上周村、周扎村、雪峰村、仁岸村、南溪村、长兰村、三溪村

二、具体取样方法

本书的主要研究方法包括案例研究和实证研究法，其具体取样方式为非随机取样中的立意取样方式。所谓立意取样又可称为判断取样，是依据研究者的主要认定，去选取最能适合其研究目的的样本选取方式（张邵动，2001）。各研究内容的相应抽样方法阐述如下。

取样一：

乡村红色资源价值转化的作用机制及其现实瓶颈研究的正式大样本调研，抽样范围确定为浙江省丽水市 61 个红色乡镇（街道）及其 129 个红色村落，由调研人员负责实地发放问卷，由上述乡镇、村干部、当地典型运营企业管理者、企业员工、消费者或村民填写，并由调研人员现场答疑和回收问卷。共发放问卷 273 份，回收问卷 261 份，得到有效问卷 258 份，问卷有效回收率为 94. 51%。

取样二：

乡村红色资源价值转化评价指标体系构建的调研对象为，丽水市实施“红绿融合”政策的政府人员、红色乡镇干部、典型运营企业管理者、高校文化与旅游专家等，共计 26 位专家来填写问卷。在问卷的发放过程中，事先解释红色资源价值转化的含义并询问对该领域是否具有一定的了解，交代问卷填写的规则与注意事项，然后开始问卷发放，在发放 26 份问卷中，有 24 份问卷通过了层次分析法的一致性检验，有效问卷回收率为 92. 31%。

取样三：

乡村红色资源价值转化的实践探索及模式选择研究，采用案例研究方法，采取实地访谈方式获取数据。其中，乡村红色资源价值转化实践探索的调研，从丽水市 60 个红色乡镇中，选取遂昌县王村口镇、莲都区老竹镇、龙泉市住龙镇、青田县章村乡、松阳县大东坝镇 5 个红色乡镇作为案例样本，侧重考查样本对象为突破现实瓶颈的实践做法；乡村红色资源价值转化模式选择的调研样本，包括遂昌县王村口镇、龙泉市住龙镇、青田县章村乡、庆元县竹口镇、青田县万山乡 5 个红色乡镇，侧重总结样本对象实施乡村红色资源价值转化的经验模式及其模式特征。

第六节 主要研究方法

一、量化研究方法

量化研究主要依据实证主义科学研究史上的假设，量化研究主要使用演绎逻辑。当研究者面对问题时，首先需就此一问题相关变量和变量之间的关系进行厘清，并寻求理论的支持，然后进一步缩小范围，形成研究假设，最后再以实证资料来判断来检验假设。量化研究特别重视理论研究中的逻辑严谨，其前后一贯的推论，在推论与检定的假设过程中，要避免有前后矛盾和逻辑错误的地方。量化研究特别重视精确的变量操作性定义与衡量，在进行变量的衡量时要特别强调客观严谨和多重一次性。换言之，研究者在进行变量的衡量时，必须先对设计变量的涵盖范围及衡量方法有更深层次的思考，变量的量化基本上是一个演绎的过程，涉及选取概念和建构，接着发展出一套测量工具，然后再对变量进行实证性的资料搜集，最后试算变量之间的变量具体指标。

二、质化研究方法

相对于量化研究而言，质化研究的重点在于建构社会的真相及探讨文化层面的意涵。质化研究是一种自然探究的研究方法，主要从自然观察的行为中收集所需资料，并由收集的资料进行深入分析去探究事件发生的原因，以及特定现象背后所蕴含的意义。质性研究的焦点在于研究与被研究者之间互动的事件与过程，因此，进行质化研究时，研究者通常也置身于研究的情景当中，研究者通常针对少数的个案与受测者进行深入且较长时间的接触，然后再将所收集的资料进行有系统的分析，以便了解事件的深层真实面。量化研究特别强调社会脉络对了解社会真实生活面的重要性，认为事件或受测者的陈述或态度有很重要的成分，是根据其所出现的情景脉络而定。当研究者把发生时所面临的社会脉络从事件中抽离，那么受测者与事件本身所具有的社会意义就会受到严重的扭曲。

三、质化研究与量化研究的互补整合

如上所述，质化研究与量化研究在研究的基本假设、目的、研究过程方法及研究脉络专有相当大的不同，但二者不存在何者为较佳？通常在研究中，首先，要建立假设，大多需要学理的基础或事先去进行深入的访谈和观察，此时，质化研究可以担负较为重要的任务。只是在假设的验证方面，如果有数据的支持，更能显得强而有力，此时，量化研究技术的运用及发挥其效能。其次，对研究结果的解释和讨论，或者根据研究结论所提出的建议，质化研究能获得的信度和效度更高。因此，任何一项深入研究的题目，单凭一种研究设计，恐怕不是很好。Slavin（1992）认为，当不可能使用量化研究方法或者使用量化的方法并不恰当时，宜采用质性方法；在量化研究的后续研究中，无法从量的研究方法中得到更好的研究变量，也无法从研究资料去推动研究的管理意涵时，可通过质性研究来予以补充；当要提出研究假设的建议或管理的意涵时，质性研究可以提供帮助；研究议题相当复杂，有待进一步厘清时，质性研究方法可发挥较大作用。

四、实证研究方法

量表的信度检验。量表信度是衡量没有误差的程度，也是测验结果的一致性（consistency）程度，信度是以衡量的变量理论为基础。信度可以用两个含义来解释，即是再测性（repeatability）和内部一致性（internal consistency）。所谓再测性是使用同样的衡量工具重复衡量某项特质时，是否可以得到相同的结果。而内部一致性是表示衡量项目之间是否具有一致性。

量表的效度检验。量表效度是指衡量的工具是否能真正衡量到研究者想要衡量的问题，即根据研究的目的、内容及范围来检定研究所做的衡量是否有效。通常将效度分为外部效度和内部效度两大类。外部效度是研究者借由资料搜寻的各种方法如调查法、观察法及实验法等所搜集得来的资料，再加以分析所得来的结果去推论人、事、物的能力，一般是探讨一个研究结论通则化的能力。内在效度的理念是多方面的，包括内容效度、建构效度、校标效度即学说效度等。

变量间相关性分析。探讨变量间相关的大小与方向，这是相关分析法。若要能根据某变量来预测另一变量的值，则是回归分析。回归分析必须以相关分析作为基础，因为任何预测的可靠性是依据自变量与依据变量的强度而有所不同。通常用皮尔逊相关系数来表示两个变量之间的相关系数。

最小二乘法。在散点图上，我们可找到一条直线，通过各点附近，使这一条直线最能代表各个点（观察值），这条线称为最适合线，而这种求取最适合线的过程就是求解回归方程式的过程。求取最适合回归线最常用的方法有很多种，但最常用且简单易懂的方法为最小二乘法，而最小二乘法即是使各点至此回归线的平行于 Y 轴的距离的平方和最小的求解方法。

模型拟合度检验。根据现有的资料建立一个回归模式时，必须检验此模型与资料的符合程度，称为拟合度（goodness of fit）。检验拟合度最常用的指标是 R^2（R-square），或称为判定系数（coefficient of determination）。R^2 是所有解释变量对被解释变量的解释能力的大小，当 R^2 等于 0 表示变量并没有线性关系存在。样本的 R^2 是估计模型拟合度的一个最佳估计值，但不是总体 R^2 的不偏估计值。因此，要估计总体的 R^2 时，须加以调整。而且，当两条回归式所含的预测变量（X_i）多少不一时，如果只用 R^2 来判别各自的解释能力时，会有不公平现象，因此，应该用调整后的 R^2（Adj-R^2）会比较正确。要判定 R^2 是否具有解释力，通常以 F 值来检定，若 F 值所对应的 $p\text{-value}<0.05$，代表 R^2 具有显著的解释能力。

共线性是指某一个自变量与其他自变量之间具有高度相关，也就是这些具有共线性的变量所提供的信息相似，使我们无法分辨个别变量的效果。共线性分析可让我们检查共线性资料是否存在，并评估共线性是否影响参数的建立。共线性通常由 VIF（variance inflation factor）来判断，VIF 是容差的倒数，若 VIF 大于 2 代表有共线性的可能，一般若 VIF 小于 2 则代表没有共线性。

第四章　乡村红色资源价值转化机制的建模

在风起云涌的乡村振兴大潮中，革命老区的乡村振兴不能掉队。在迈向共同富裕的征程中，革命老区的共同富裕不可或缺。革命老区在中国革命史上书写了辉煌而壮丽的篇章，但在市场经济的历程中，有不少革命老区村民增收相对乏力，成为全面乡村振兴的重点乡村。实施乡村振兴战略和推进共同富裕，赋予了乡村红色资源鲜明的时代使命。红色资源价值转化是指经营主体对红色资源进行保护、开发和利用，将潜在的红色资源价值转化为现实与更高价值的过程（赵翔翔，2000；万生更，2010）。就革命老区乡村而言，红色资源是其特有的优势资源，推进这些红色资源的价值转化是一条促进革命老区乡村振兴的路径选择。本章旨在构建乡村红色资源价值转化机制的模型，并对该模型进行科学性及合理性的验证。

第一节　理论分析与研究问题

红色资源保护与利用是密不可分的统一体（郝红岩，2018），只有在合理利用红色资源发展经济的同时，也注意对红色资源的保护，才能更好地促进红色资源的可持续利用（石培新，2020）。红色资源利用具有时代性，这要求对红色资源进行创造性利用。红色资源的创造性利用旨在持续巩固提升红色资源传承成果，推进红色旅游、红色教育、红色文化与绿色产业的融合发展，进而提升红色品牌影响力和红色资源价值（卞成林，2020)。红色资源价值是指经营主体从拥有和使用某种红色资源所获得的价值与为取得该红色资源所付出的成本之差。

辩证唯物主义认为，一切事物都是可以相互转化的，没有转化就没有发展。如果没有价值转化，红色资源只是一种静态的资源，它只具备产生价值的可能，却不能转化为现实价值（赵翔翔，2000)。红色资源价值转化是指经营主体对红色资源进行认识、保护、开发和利用，将潜在的红色资源价值转化为现实与更高价值的过程（万生更，2010)。革命老区乡村大多经济发展水平低、村民增收乏力，因而成为乡村振兴的重点区域。乡村红色资源成为资源必不可少的一个要件在于，如何彰显乡村红色资源价值，推动红色资源实现价值转化。红色资源是革命老区乡村的优势资源，因地制宜地利用当地红色文化资源，推进红色资源价值转化，是促进革命老区乡村振兴的新路径（邓安娜等，2020)。红色资源价值转化就是一个从红色资源价值发现、价值创造到价值获取的一体化过程。乡村振兴背景的乡村红色资源价值转化，既应转化为经济效益，更要以村民为中心，把富民与强村结合起来（曾维和、咸鸣霞，2019)。

然而，相关研究成果仍然存在如下不足：

第一，局限于关注红色资源转化为政治、教育和社会等方面价值的转化价值，对红色资源如何转化为经济价值的研究较少（左冰，2014)。或是把乡村振兴的目标理解为经济增长、红绿融合或村民增收的某一个维度，缺乏对三者的整合分析。实际上，乡村振兴要求乡村红色资源价值转化兼顾经济、社会和生态效益，红色文化中蕴含丰富的生态思想（李垣，2018)，红绿融合和村民增收可以寓于红色资源经济价值转化之中。

第二，偏重于关注乡村红色资源保护，对红色资源传承、价值挖掘与识别的理论与实践相对缺乏。有关红色资源经济价值转化机制研究，也大多集中在红色旅游研究方面。适应乡村红色资源传承与创造性利用的需要，进而形成乡村红色资源保护、传承、创造性利用的良性循环，有必要厘清乡村红色资源价值发现的内在机理。

第三，较多地针对红色资源价值转化现实问题的对策研究（张涛，2020），或是侧重于关注红色资源价值发现与价值获取之间的直接关系，忽视了价值创造在二者之间的重要作用，量化性分析也较少。实际上，乡村红色资源价值发现只是其价值实现的基本前提，有必要探究乡村红色资源价值发现转化为价值实现的内在路径。

基于现实和理论研究的紧迫性，本章利用浙江省丽水市 61 个红色乡镇的实地调研及其访谈数据，遵循扎根理论分析过程，构建乡村红色资源价值转化机制的概念模型，并通过实证分析对该模型的科学性及合理性进行验证。重点聚焦于三个具体问题：乡村振兴背景下的红色资源价值发现展示出何种特征维度？乡村红色资源价值发现如何影响价值获取？乡村红色资源价值创造在价值发现与价值获取的关系中发挥怎样的作用？本研究回应了加快推进革命老区乡村振兴的迫切需求，不仅深化了人们对于红色资源保护传承对革命老区乡村振兴内在影响机制的理解，而且可以为发挥红色资源优势进而积极稳妥地推进革命老区乡村振兴提供有价值的实践素材和决策参考。

第二节　扎根分析与概念模型

扎根理论由 Glaser 和 Strauss 所提出，是用归纳的方式对现象加以分析整理所得结果的质性研究方法之一。扎根理论旨在发现和产生一种联结参与者知觉和社会科学的新概念或小型理论，据以解释衍生或来自资料的主要现象。本节通过对乡村红色资源价值转化实践的相关案例资料的扎根理论分析，初步构建乡村红色资源价值转化机制的概念模型。研究问题决定研究方法，本节采取扎根分析方法的原因在于：乡村红色资源价值转化是一个新颖议题，乡村振兴战略与红色资源的创造性利用提供了乡村红色资源价值转化的外部情景，而扎根理论可以通过去粗取精，形成原生态命题。

本质上，扎根理论是术语与特定经验、情境或场景有关的抽象概念或一套命题。该理论是从观察接受研究现象的脉络入手，获得资料，提供扎根理论研究的基础。扎根理论是扎根于田野的资料，并非由事先的理论或先入为主的观念演绎而来的抽象化概念，该理论的发展是以自下而上的方式，从许多不同片段的资料，汇集彼此交互关系的证据而得。换言之，这种研究提供的诠释和结论，是以持续参照汇集的资料归纳而得。扎根理论比现有其他理论更能提供较佳的解释，并可以对已有理论的改进提供建议。

一、理论抽样与数据获取

（一）理论抽样

一直以来，浙江省在乡村振兴方面干在实处，走在全国前列。就浙江而言，丽水是全省唯一的一个全部县市（区）都是革命老根据地市，其经济发展水平较低，村民增收相对乏力。但丽水乡村红色资源的特色十分鲜明，生态资源全省领先。

浙江省丽水市的红色资源分布在广阔的乡村或山村，共有 61 个红色乡镇（街道）和 129 个红色村落，分布在 9 个县市（区）。自 2019 年以来，在乡村振兴战略背景下，这些红色乡镇及其红色村落将红色基因融入乡村振兴战略实践中，探索乡村红色资源价值向乡村振兴的动能转化路径，初步形成了革命老区乡村振兴的新模式。

因此，以浙江丽水市红色乡镇为调研样本，来探索乡村红色资源价值转化的路径与模式，具有典型性和代表性。本节从每个县市（区）中选取1个典型红色乡镇作为样本，分别是：莲都区老竹镇、遂昌县王村口镇、龙泉市住龙镇、松阳县大东坝镇、庆元县竹口镇、青田县万山乡、云和县石塘镇、景宁县毛垟乡、缙云县壶镇镇。

（二）数据获取

案例研究的数据来源应尽量多元化，即所谓的“三角测量”。由此，本章主要通过如下途径收集数据：①半结构化访谈。根据研究目的，每个红色乡镇选取3位受访对象进行深度访谈，访谈对象共计46人次。主要访谈问题有：在乡村振兴和共同富裕背景下，乡村红色资源价值转化有何新的时代意义？对于乡村红色资源价值如何挖掘与识别？地方政府及运营企业如何促进乡村红色资源价值的创造？影响乡村红色资源价值转化成效的因素有哪些等。②参与式调研。直接走访典型红色乡镇及其红色村落政府部门，并参与当地企业对于红色资源价值转化的观察、研讨和学习。③二手数据。收集了相关主题的新闻报道、网站、研究、刊物、政府及运营企业内部资料等。

二、扎根理论编码

扎根理论设计有系统设计、浮现设计和建构设计三种类型，本章选择使用扎根理论设计的系统设计。扎根理论的系统设计涉及使用一套严谨的程序和技术，将资料仔细编码，其不使用预先存在的范畴编码，而是经历开放、主轴和选择编码三个主要步骤，将资料发展成逻辑典范或产生理论的视觉图像。开放编码将有关通过观察、访谈、研究者备忘录及其田野札记等所记载的研究现象的片段信息，做初步的归纳而得的范畴和子范畴。主轴编码是选择开放编码的范畴，将之置于探索过程的核心，然后把其他范畴及其关系联结起来。选择编码是通过主轴编码模式中的范畴之间的交互关系来撰写理论。

（一）开放编码

开放编码是通过仔细检视资料，对资料加以分类并为现象取名字的扎根分析工作，分概念化、范畴化两个主要步骤：一是把资料转化成概念，也就是概念化资料。本章将原有的通俗化访谈资料转化为精炼的学术概念，通过对这些初始概念的比对、筛选与凝练，最终提取了 26 个概念。二是确定所收集的资料蕴含的特定现象，并把与同一现象有关的概念聚拢为一类范畴。本章对上述 26 个概念进行抽象与命名，得到了 10 个范畴。例如将红色资源保护、红色资源传承命名为资源保护传承；将区域联盟、对外开放、内部协作网络归纳为开放协作等，从而使形成的范畴更具指向性。部分开放性编码示例，如表 4-1 所示。

表 4-1　开放性编码示例

案例资料	概念化	范畴化
我们对粟裕是很有感情的，发展红色文化，传承红色基因是很有道理的（王村口镇）。我们以抗战历史文化为背景，完成了革命遗址的修复，设计多个红色革命主题培训套餐，共同打造红色革命文化教育培训基地（石塘镇）。	资源保护 资源传承	资源保护传承
我们挖掘红色资源，不仅能促进产业发展，还能让更多人了解浙西南革命精神（竹口镇）。红色旅游也好，农家乐也好，红色培训也好，王村口的活力来自哪里？来自红色基因，王村口的前缀就是红色古镇（王村口镇）。	价值挖掘 价值识别	价值挖掘识别

续表

案例资料	概念化	范畴化
我们以前的红色产业是单一的，现在整合红色历史遗迹资源和古镇风貌，红色文化事业集聚区开始形成（壶镇镇）。我们设计出互动性强的红色文创产品，这些产品会有广阔的市场前景（竹口镇）。我们将红色文化注入乡村旅游，发展红色文化游、山水生态游、健康养生游等全域旅游业态（住龙镇）。我们在红色旅游景区景点，布局红色农产品展销点，将红色农产品纳入红色旅游、红色教育介绍的重要内容（章村乡）。	产业多元 产业融合 产业配套 红色内涵	集群 创新
我们的干部培训学校，用革命精神来武装我们的干部，使红色资源焕发了生命力（王村口镇）。我们这边的培训有一个特点就是要求参与培训的人员要穿红军服，要以一种很严肃的态度来对待（王村口镇）。我们重点打造中国江南区委遗址、红色展馆等项目，不断丰富红色旅游资源，打响章村的红色旅游品牌（章村乡）。	精准定位 文化体验 品牌塑造	精益 运营
我们实施所有权与经营权分离政策，成立丽水浙西南文化发展有限公司，开发特色红色项目（住龙镇）。宁可少赚一点，但是原则性的东西不能丢，不能失去红色这一底色（王村口镇）。新陶村红色文化源远流长，涌现了郑和斋及郑智浩等多名革命烈士，大家致力于把红色革命故事传扬出去（老竹镇）。	产权清晰 党建引领 政策协同	协同 治理
新陶村吸引了各地党员来此开展红色教育活动，带动了民宿、农家乐的发展（万山乡）。我们将丰富的华侨资源引进来，为红色资源价值转化导入优质要素，打造精品民宿，红色资源价值转化走向高质量（章村乡）。我镇红色文化、古民居、生态农业观光园等，吸引了来自四面八方的客人前来参观游玩（老竹镇）。	区域联盟 对外开放 企业协作	开放 协作

续表

案例资料	概念化	范畴化
我们推进红绿融合旅游营销一体化，将红色旅游纳入智慧旅游推广体系（住龙镇）。有关革命精神的故事放在政府官网上，让更多人了解到我们这里的红色文化（毛垟乡）。平台的线路攻略为游客定制专属出行计划、推荐精品红色文创产品，各式各样的攻略一站式备齐（大东坝镇）。	科技应用 功能优化 能力建设	数字赋能
新屋红色营地项目在南乡革命根据地大背景下，把红色旅游强化、细化，转化红色资源价值（老竹镇）。与地域特色结合起来，多开发些新产品，做到可持续发展，发展会越来越好（石塘镇）。	产业兴旺 利润增长	经济增长
更多的游客走进新陶村，体验红色文化、古村落民俗文化与乡村生态文明（老竹镇）。去南尖岩的游客引流到这里来，到王村口的游客也会引流到南尖岩，这样形成一个闭环（王村口镇）。	生态增值 文旅融合	红绿融合
我们的红色文化、古民居、生态农业观光园等吸引了来自四面八方的客人前来参观，增加了村集体收入，带动了村民增收（住龙镇）。源于红色基因，你可以看见当地老百姓从中受益，他们生活得到了改变（王村口镇）。	村民受益 生活富裕	村民增收

（二）主轴编码

主轴编码是在开放编码的基础上，把资料重新整合以联结一系列主范畴及其对应副范畴的过程。主要的做法是，阐释副范畴与现象之间关系的本质，构想副范畴与主范畴之间的假设关系，并审视资料是否支持这种假设关系。遵循上述做法，本章发现如下范畴间存在对应关系：乡村红色资源保护传承、价值挖掘识别归类为乡村红色资源价值发现范畴，将集群创新、精益运营、协同治理、开放协作、数字赋能归类为乡村红色资源价值创造范畴，将经济增长、红绿融合、村民增收归类为乡村红色资源价值获取范畴，从而确立了乡村红色资源价值发现、价值创造、价值获取 3 个主范畴。主轴编码形成的主范畴、对应范畴及其范畴内涵，如表 4-2 所示。

表 4-2 主轴编码形成的主范畴

主范畴	对应范畴	内 涵
红色资源价值发现	资源保护传承	地方政府注重对当地红色资源保护、传承与弘扬
	价值挖掘识别	相关企业能动态地深入挖掘、识别当地资源价值与产业发展机会
红色资源价值创造	集群创新	区域内红色关联产业正由单一向多元化发展
		地方政府及运营企业注重红色资源与当地特色产业的融合发展
		区域内红色关联产业发展的相关配套设施完善
		运营企业注重挖掘红色文化内涵，并能将红色元素融入产品或服务
	精益运营	运营企业能对红色文化创意产品进行精准的市场定位
		运营企业注重设计文化体验感和互动性强的文化创意产品
		运营企业注重塑造具有区域性和时代性的红色文化品牌
		运营企业的产权清晰、股权结构合理
	协同治理	运营企业能发挥党建在经营管理中的引领作用
		乡村振兴等政策对相关运营企业具有激励作用
		当地红色资源经营主体之间有紧密的合作关系
	开放协作	地方政府注重促进红色资源的区域间合作
		政府及运营企业注重促进红色文化创意产品国际化
		运营企业注重利用新科技、新媒体以传承与弘扬红色文化
	数字赋能	红色资源相关网络平台、在线系统具有相关数据分析功能
		相关部门及人员能科学解读与运用相关数据分析结果

续表

主范畴	对应范畴	内　涵
红色资源价值获取	经济增长	运营企业的盈利能力强，经营利润不断增长
	红绿融合	运营企业的经营能兼顾经济效益与生态效益
	村民增收	相关红色资源经营项目能促进当地村民收入不断增长

（三）选择编码

选择编码是对主轴编码结果的再次整合，即通过提炼主范畴及其间关系，剥离出核心范畴，从资料中型塑出一条故事线。本章使用收集来的资料及其由此开发出的范畴与关系，得到“乡村红色资源价值转化”这一核心范畴。围绕核心范畴形成的概念化故事线可以表述为，由乡村红色资源价值发现、价值创造到价值获取的流程是乡村红色资源价值转化过程，其中，乡村红色资源价值发现是其价值转化的基础与前提，乡村红色资源价值创造是其价值转化的直接动力，乡村红色资源价值获取是其价值转化的结果。

三、乡村红色资源价值转化机制的概念模型

综合上述分析，提出乡村红色资源价值转化机制模型，如图 4-1 所示。该模型是一个乡村红色资源从价值发现、价值创造到价值获取的整体构念。其中，乡村红色资源价值发现是乡村红色资源价值获取的前因变量，包括乡村红色资源保护传承、乡村红色资源价值挖掘识别两个维度；乡村红色资源价值创造是机制模型的中介变量，包括集群创新、开放协作、精益运营、协同治理、数字赋能五个维度；乡村红色资源价值创造是乡村红色资源价值发现和价值创造的结果变量，包括乡村经济增长、红绿融合和村民增收三个维度。

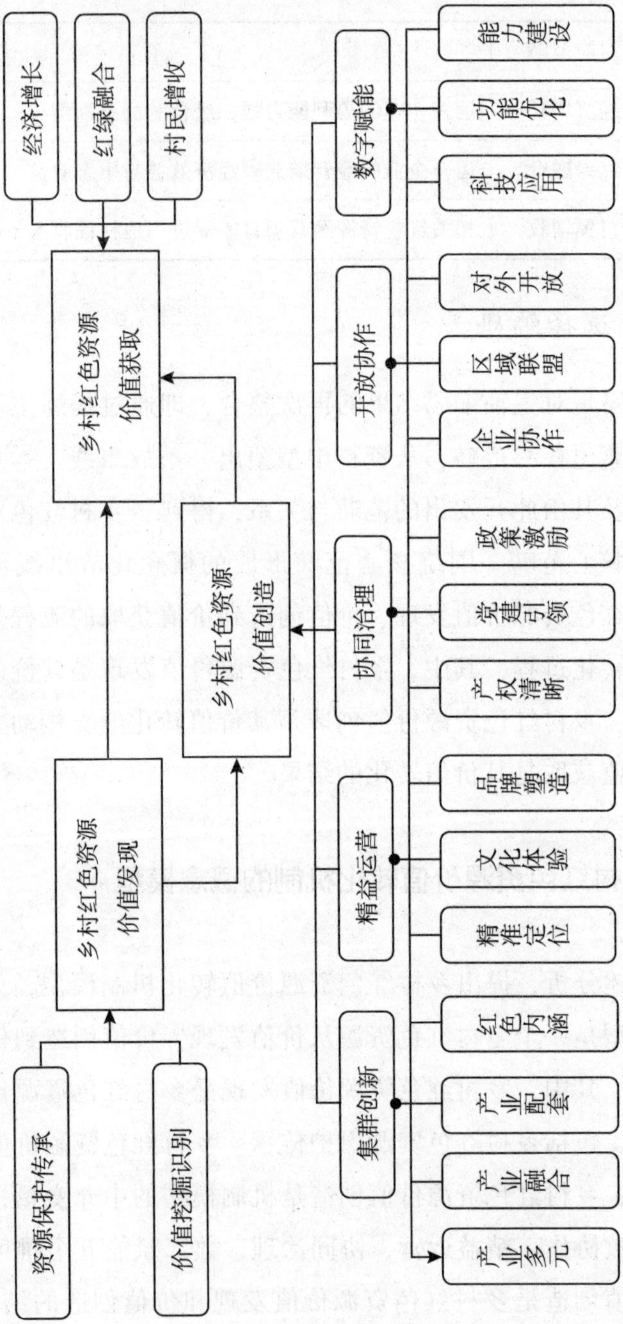

图4-1 乡村红色资源价值转化机制的概念模型

模型中，乡村红色资源价值创造在价值发现基础上的进一步深化，包括集群创新、精益运营、协同治理、开放协作、数字赋能等内容。集群创新不是单一地发展乡村红色旅游，而是致力于推进乡村红色资源与生态农业、特色工业、文化旅游、文化创意、健康养生等多业态的深度融合。精益运营旨在将产业战略规划落实到企业主体的战略行动，提升乡村红色文化品牌美誉度。协同治理旨在激发企业主体的创造力，不断优化运营主体治理结构。开放协作旨在跨山统筹、跨区合作、山海协作，动态挖掘乡村红色资源价值转化潜力。数字赋能旨在顺应产业及企业数字化转型新趋势，不断提升红色关联企业的大数据能力。在此基础上，从经济增长、红绿融合、村民增收三个层次实现乡村红色资源的价值创造，从而实现乡村红色资源价值转化的经济效益、生态效益和社会效益。

第三节　实证设计与检验结果

为提高上述扎根模型的稳健性，本章以浙江省丽水市 61 个红色乡镇为调研对象，通过变量测量、问卷设计、数据获取与数据分析的实证设计，对乡村红色资源价值转化机制的概念模型进行实证检验。

一、数据收集

本研究的样本抽样范围确定为浙江省丽水市 61 个红色乡镇（街道）及其 129 个红色村，问卷由当地乡镇（街道）、相关村干部（领导）及当地典型运营企业管理者或员工填写，并由调研人员负责现场答疑。采取多阶段抽样的调查方法，发放问卷 273 份，回收问卷 261

份，得到有效问卷258份，问卷有效回收率为94.51%。

有效问卷受试者中，男性占48.45%，女性占51.55%；年龄主要集中在21~40岁，其中21~30岁的占45.74%，31~40岁的占20.93%；学历本科的占56.98%，硕士的占4.65%；工作时间3年以下的占41.86%，3~5年的占17.05%。有效样本企业中，从企业性质来看，国有/集体的占34.11%，民营（或私营）的占51.55%；从企业规模来看，1~50人的占43.80%，51~100人的占30.62%，101~500人的占10.47%，500人以上占15.11%；从企业类型来看，旅游、农（林）家乐及酒店占比最多，占55.81%；从企业发展阶段来看，处于成长阶段的企业占比最多，占58.14%。样本特征的描述性统计，如表4-3所示。

表4-3　样本特征的描述性统计（N=258）

特征	选项	百分比（%）	特征	选项	百分比（%）
性别	男	56.26	地区	莲都区	13.17
	女	43.74		遂昌县	23.64
年龄	20岁及以下	14.47		龙泉市	18.22
	21~30岁	43.95		松阳县	10.47
	31~40岁	11.84		庆元县	8.14
	41~50岁	23.42		景宁县	6.59
	51岁以上	6.32		云和县	6.59
学历	大专及以下	50.41		青田县	6.59
	本科	44.43		缙云县	6.59
	硕士	4.47	身份	乡镇（街道）干部（领导）	20.53
	博士	0.69		村干部（领导）	15.26
工作时间	3年以下	36.58		运营企业管理者	11.58
	3~5年	21.05		运营企业员工	14.47
	5~10年	20.53		红色产品消费者	14.21
	10~20年	15.26		村民	21.58
	20年以上	6.58		其他	2.37

续表

特征	选项	百分比（%）	特征	选项	百分比（%）
企业性质	国有/集体	44.74	企业类型	创意农业	10.53
	民营（或私营）	47.37		文创产品制造	13.16
	外资（或合资）	1.32		文创产品商业或贸易	15.79
	其他	6.58		旅游、农（林）家乐及酒店	60.52
企业规模	1~50人	60.53	企业发展阶段	创业阶段	23.68
	51~100人	28.95		成长阶段	61.85
	101~500人	7.89		成熟阶段	7.89
	500人以上	2.63		转型阶段	6.58

二、变量测量

本研究对乡村红色资源价值发现、乡村红色资源价值创造、乡村红色资源价值获取三个变量进行测量。为了更契合研究目的，结合表4-2中范畴内涵和国内外理论成果，设计出本研究量表。上述变量均采用李克特5级制量表，“1”表示“完全不符合”，“5”表示“完全符合”。

第一，乡村红色资源价值发现为自变量，包括乡村红色资源保护传承、乡村红色资源价值挖掘识别2个维度，共设计3个题项。

第二，乡村红色资源价值创造为中介变量，包括开放协作、集群创新、精益运营、协同治理、数字赋能5个维度，共设计15个题项。

第三，乡村红色资源价值获取为因变量，包括经济增长、红绿融合、村民增收3个维度，共设计3个题项。此外，将企业所属行业、企业规模及企业发展阶段作为控制变量，以排除这些变量对乡村红色资源价值发现、价值创造及价值获取等变量的潜在影响。

三、信度与效度检验

采用克隆巴赫 α 系数进行信度检验，乡村红色资源价值发现、价值创造、价值获取的 α 系数分别为 0.888、0.972、0.912，各变量的 α 系数大于 0.7 的标准值，可见量表具有较好的信度。在收敛效度方面，采取 KMO 进行检验，乡村红色资源价值发现、价值创造、价值获取的 KMO 值分别为 0.730、0.969、0.757，所有核心变量的 KMO 值大于 0.7 的标准值，说明量表具有较好的收敛效度。

四、描述性统计与相关性分析

价值发现、价值创造、价值获取，以及控制变量企业规模、所属行业、发展阶段的均值、标准差及相关系数，如表 4-4 所示，可见各研究变量维度之间均存在显著的相关关系。

进一步进行多重共线性检验得出：在各个回归模型中各解释变量的 VIF 最大值，均低于临界值 3，可见研究变量之间不存在严重的多重共线性。上述检验结果初步验证了本研究提出的假设，也说明了可进一步进行回归分析。

五、实证检验结果

本研究在考虑企业规模、所属行业、发展阶段控制变量的基础上，使用 spss24.0 软件，通过多元回归分析进行假设检验，检验结果如表 4-5 至表 4-11 所示。

表 4-4　变量的描述性统计与相关性分析

核心变量	1	2	3	4	5	6	7	8	9	10	11	12	13
1. 企业规模	1												
2. 所属行业	-0.047	1											
3. 发展阶段	0.428***	0.023	1										
4. 资源保护传承	-0.009	0.074	0.049	1									
5. 价值挖掘识别	-0.002	-0.013	-0.008	0.727***	1								
6. 开放协作	-0.048	0.038	0.015	0.702***	0.716***	1							
7. 集群创新	-0.043	0.035	0.024	0.676***	0.674***	0.878***	1						
8. 精益运营	0.006	0.033	0.058	0.629***	0.689***	0.819***	0.877***	1					
9. 协同治理	0.022	0.006	0.045	0.647***	0.627***	0.790***	0.852***	0.853***	1				
10. 数字赋能	0.016	-0.07	0.062	0.580***	0.603***	0.736***	0.767***	0.815***	0.770***	1			
11. 经济增长	0.087	-0.006	0.016	0.569***	0.614***	0.672***	0.730***	0.766***	0.790***	0.730***	1		
12. 红绿融合	0.014	0.003	0.046	0.577***	0.574***	0.697***	0.758***	0.732***	0.803***	0.709***	0.764***	1	
13. 村民增收	0.062	0.028	0.079	0.608***	0.650***	0.745***	0.767***	0.776***	0.835***	0.689***	0.768***	0.794***	1
均值	1.764	3.155	1.950	4.219	4.023	4.001	4.013	3.917	3.968	3.901	3.946	4.027	4.093
标准差	0.939	1.101	0.755	0.939	1.058	0.918	0.890	0.948	0.939	0.945	1.039	1.056	1.054

注：*** 分别表示双尾 t 检验值在 1% 水平上统计显著。

（一）直接效应检验

表4-5是以经济增长为因变量，检验了自变量、中介变量对经济增长的影响。模型1是控制变量、资源保护传承与经济增长的回归，结果显示，资源保护传承（$\beta=0.576$，$p<0.01$）对经济增长具有显著的正向影响。模型2是控制变量、价值挖掘识别与经济增长的回归，结果显示，价值挖掘识别（$\beta=0.614$，$p<0.01$）对经济增长具有显著的正向影响。模型3是控制变量、开放协作与经济增长的回归，结果显示，开放协作（$\beta=0.681$，$p<0.01$）对经济增长具有显著的正向影响。模型4是控制变量、集群创新与经济增长的回归，结果显示，集群创新（$\beta=0.738$，$p<0.01$）对经济增长具有显著的正向影响。模型5是控制变量、精益运营与经济增长的回归，结果显示，精益运营（$\beta=0.770$，$p<0.01$）对经济增长具有显著的正向影响。模型6是控制变量、协同治理与经济增长的回归，结果显示，协同治理（$\beta=0.790$，$p<0.01$）对经济增长具有显著的正向影响。模型7是控制变量、数字赋能与经济增长的回归，结果显示，数字赋能（$\beta=0.737$，$p<0.01$）对经济增长具有显著的正向影响。进一步，对上述各模型的拟合优度进行排序，可见模型6（$R^2=0.631$）>模型5（$R^2=0.559$）>模型4（$R^2=0.551$）>模型7（$R^2=0.546$）>模型3（$R^2=0.469$）。

表4-6是以红绿融合为因变量，检验了自变量、中介变量对红绿融合的影响。模型8是控制变量、资源保护传承与红绿融合的回归，结果显示，资源保护传承（$\beta=0.579$，$p<0.01$）对红绿融合具有显著的正向影响。模型9是控制变量、价值挖掘识别与红绿融合的回归，结果显示，价值挖掘识别（$\beta=0.574$，$p<0.01$）对红绿融合具有显著的正向影响。模型10是控制变量、开放协作与红绿融合的回归，结果显示，开放协作（$\beta=0.699$，$p<0.01$）对红绿融合具有显

表 4-5　价值发现、价值创造与经济增长的回归分析结果

变量	经济增长						
	模型 1	模型 2	模型 3	模型 4	模型 5	模型 6	模型 7
资源保护传承	0.576***						
价值挖掘识别		0.614***					
开放协作			0.681***				
集群创新				0.738***			
精益运营					0.770***		
协同治理						0.790***	
数字赋能							0.737***
企业规模	0.116*	0.097*	0.141*	0.144**	0.114**	0.094**	0.111**
所属行业	-0.042	0.007	-0.024	-0.024**	-0.025	-0.005	0.049
发展阶段	0.116	-0.020	-0.054	-0.062	-0.076	-0.060	-0.078*
Constant	1.316***	1.367***	0.806***	0.446*	0.697**	0.468**	0.623**
F 值	32.181***	39.518***	55.841***	77.464***	94.338***	108.283***	76.211***
R^2	0.337	0.385	0.469	0.551	0.559	0.631	0.546
Adj-R^2	0.327	0.375	0.460	0.543	0.592	0.625	0.539

注：*、**、***分别表示双尾 t 检验值在 10%、5%和 1%水平上统计显著。

表 4-6　价值发现、价值创造与红绿融合的回归分析结果

变量	红绿融合						
	模型 8	模型 9	模型 10	模型 11	模型 12	模型 13	模型 14
资源保护传承	0.579***						
价值挖掘识别		0.574***					
开放协作			0.699***				
集群创新				0.760***			
精益运营					0.733***		
协同治理						0.802***	
数字赋能							0.713***
企业规模	0.012	-0.007	0.039	0.042	0.009	-0.009	0.007
所属行业	-0.040	0.009	-0.022	-0.022*	-0.021	-0.003	0.053
发展阶段	0.013	0.053	0.019	0.063	0.000	0.013	-0.003
Constant	1.316***	1.562***	0.746**	0.363	0.873**	0.435*	0.751**
F 值	31.824***	31.403***	60.424***	86.316***	73.363***	114.554***	64.809***
R^2	0.335	0.332	0.489	0.577	0.537	0.644	0.506
Adj-R^2	0.324	0.321	0.480	0.570	0.530	0.639	0.498

注：*、**、***分别表示双尾 t 检验值在 10%、5%和 1%水平上统计显著。

著的正向影响。模型 11 是控制变量、集群创新与红绿融合的回归，结果显示，集群创新（$\beta=0.760$，$p<0.01$）对红绿融合具有显著的正向影响。模型 12 是控制变量、精益运营与红绿融合的回归，结果显示，精益运营（$\beta=0.733$，$p<0.01$）对红绿融合具有显著的正向影响。模型 13 是控制变量、协同治理与红绿融合的回归，结果显示，协同治理（$\beta=0.802$，$p<0.01$）对红绿融合具有显著的正向影响。模型 14 是控制变量、数字赋能与红绿融合的回归，结果显示，数字赋能（$\beta=0.713$，$p<0.01$）对红绿融合具有显著的正向影响。进一步，对上述各模型的拟合优度进行排序，可见模型 13（$R^2=0.644$）>模型 11（$R^2=0.577$）>模型 12（$R^2=0.537$）>模型 14（$R^2=0.506$）>模型 10（$R^2=0.489$）。

表 4-7 是以村民增收为因变量，检验了自变量、中介变量对村民增收的影响。模型 15 是控制变量、资源保护传承与村民增收的回归，结果显示，资源保护传承（$\beta=0.609$，$p<0.01$）对村民增收具有显著的正向影响。模型 16 是控制变量、价值挖掘识别与村民增收的回归，结果显示，价值挖掘识别（$\beta=0.651$，$p<0.01$）对村民增收具有显著的正向影响。模型 17 是控制变量、开放协作与村民增收的回归，结果显示，开放协作（$\beta=0.748$，$p<0.01$）对村民增收具有显著的正向影响。模型 18 是控制变量、集群创新与村民增收的回归，结果显示，集群创新（$\beta=0.770$，$p<0.01$）对村民增收具有显著的正向影响。模型 19 是控制变量、精益运营与村民增收的回归，结果显示，精益运营（$\beta=0.774$，$p<0.01$）对村民增收具有显著的正向影响。模型 20 是控制变量、协同治理与村民增收的回归，结果显示，协同治理（$\beta=0.833$，$p<0.01$）对村民增收具有显著的正向影响。模型 21 是控制变量、数字赋能与村民增收的回归，结果显示，数字赋能（$\beta=0.693$，$p<0.01$）对村民增收具有显著的正向影响。进一步，对上述各模型的拟合优度进行排序，模型 20（$R^2=0.700$）>模

表 4-7 价值发现、价值创造与村民增收的回归分析结果

变量	村民增收						
	模型 15	模型 16	模型 17	模型 18	模型 19	模型 20	模型 21
资源保护传承	0.609***						
价值挖掘识别		0.651***					
开放协作			0.748***				
集群创新				0.770***			
精益运营					0.774***		
协同治理						0.833***	
数字赋能							0.693***
企业规模	0.055	0.035	0.084	0.084*	0.052	0.033	0.048
所属行业	-0.016	0.036	0.002	0.004	0.004	0.024	0.078*
发展阶段	0.026	0.069	0.032	0.024	0.012	0.027	0.014
Constant	1.073***	1.116***	0.393**	0.188	0.571**	0.172*	0.710**
F 值	38.025***	48.091***	82.212***	93.793***	96.842***	147.794***	59.128***
R^2	0.375	0.432	0.565	0.597	0.605	0.700	0.483
Adj-R^2	0.366	0.423	0.558	0.591	0.599	0.696	0.475

注：*、**、*** 分别表示双尾 t 检验值在 10%、5%和 1%水平上统计显著。

型 19（$R^2=0.605$）>模型 18（$R^2=0.597$）>模型 17（$R^2=0.565$）>模型 21（$R^2=0.483$）。

表 4-8 是以开放协作、集群创新、精益运营、协同治理、数字赋能为因变量，检验了资源保护传承与价值挖掘识别对因变量的影响，如表 4-8 所示。当开放协作作为因变量时，资源保护传承（$\beta=0.703$，$p<0.01$）与价值挖掘识别（$\beta=0.716$，$p<0.01$）对开放协作都具有显著的正向影响。相比较而言，模型 23 的拟合优度（$R^2=0.518$）大于模型 22 的拟合优度（$R^2=0.495$）。如模型 24 和模型 25 所示，当集群创新作为因变量时，资源保护传承（$\beta=0.677$，$p<0.01$）与价值挖掘识别（$\beta=0.675$，$p<0.01$）对开放协作都具有显著的正向影响。相比较而言，模型 25 的拟合优度（$R^2=0.460$）大于模型 24 的拟合优度（$R^2=0.459$）。如模型 26 和模型 27 所示，当精益运营作为因变量时，资源保护传承（$\beta=0.629$，$p<0.01$）与价值挖掘识别（$\beta=0.690$，$p<0.01$）对精益运营都具有显著的正向影响。相比较而言，模型 27 的拟合优度（$R^2=0.481$）大于模型 26 的拟合优度（$R^2=0.396$）。如模型 28 和模型 29 所示，当协同治理作为因变量时，资源保护传承（$\beta=0.650$，$p<0.01$）与价值挖掘识别（$\beta=0.628$，$p<0.01$）对协同治理都具有显著的正向影响。相比较而言，模型 28 的拟合优度（$R^2=0.421$）大于模型 29 的拟合优度（$R^2=0.396$）。如模型 30 和模型 31 所示，当数字赋能作为因变量时，资源保护传承（$\beta=0.587$，$p<0.01$）与价值挖掘识别（$\beta=0.602$，$p<0.01$）对数字赋能都具有显著的正向影响。相比较而言，模型 31 的拟合优度（$R^2=0.372$）大于模型 30 的拟合优度（$R^2=0.351$）。

表 4-8 价值发现与价值创造的回归分析结果

变量	开放协作		集群创新		精益运营		协同治理		数字赋能	
	模型 22	模型 23	模型 24	模型 25	模型 26	模型 27	模型 28	模型 29	模型 30	模型 31
资源保护传承	0. 703***		0. 677***		0. 629***		0. 650***		0. 587***	
价值挖掘识别		0. 716***		0. 675***		0. 690***		0. 628***		0. 602***
企业规模	-0. 041	-0. 064	-0. 041	-0. 064	-0. 001	-0. 022	0. 025	0. 003	0. 001	-0. 019
所属行业	-0. 016	0. 044	-0. 018	0. 039	-0. 014	0. 040	-0. 041	0. 013	-0. 114**	-0. 065
发展阶段	-0. 001	0. 048	0. 009	0. 056	0. 028	0. 072	0. 004	0. 049	0. 036	0. 077
Constant	1. 217***	1. 385***	1. 398***	1. 607***	1. 210***	1. 183***	1. 282***	1. 567***	1. 627***	1. 757***
F 值	61. 929***	67. 997***	53. 620***	53. 924***	41. 530***	58. 708***	45. 989***	41. 521***	34. 192***	34. 476***
R^2	0. 495	0. 518	0. 459	0. 460	0. 396	0. 481	0. 421	0. 396	0. 351	0. 372
Adj-R^2	0. 487	0. 510	0. 450	0. 452	0. 387	0. 473	0. 412	0. 387	0. 341	0. 362

注：*、**、***分别表示双尾 t 检验值在 10%、5%和 1%水平上统计显著。

（二）中介效应检验

表4-9是以经济增长为因变量，检验了自变量、中介变量同时纳入模型时对经济增长的影响。

在表4-9（1）中，模型32是在模型1的基础上，加入开放协作进行回归，资源保护传承对经济增长的β系数由模型1中的0.576（$p<0.01$）下降为模型32中的0.193（$p<0.01$），说明开放协作在资源保护传承影响经济增长的过程中起到了部分中介作用。模型33是在模型1的基础上，加入集群创新进行回归，资源保护传承对经济增长的β系数由模型1中的0.576（$p<0.01$）下降为模型33中的0.141（$p<0.05$），说明集群创新在资源保护传承影响经济增长的过程中起到了部分中介作用。模型34是在模型1的基础上，加入精益运营进行回归，资源保护传承对经济增长的β系数由模型1中的0.576（$p<0.01$）下降为模型34中的0.152（$p<0.01$），说明精益运营在资源保护传承影响经济增长的过程中起到了部分中介作用。模型35是在模型1的基础上，加入协同治理进行回归，资源保护传承对经济增长的β系数由模型1中的0.576（$p<0.01$）下降为模型35中的0.108（$p<0.05$），说明协同治理在资源保护传承影响经济增长的过程中起到了部分中介作用。模型36是在模型1的基础上，加入数字赋能进行回归，资源保护传承对经济增长的β系数由模型1中的0.576（$p<0.01$）下降为模型36中的0.219（$p<0.01$），说明数字赋能在资源保护传承影响经济增长的过程中起到了部分中介作用。

在表4-19（2）中，模型37是在模型2的基础上，加入开放协作进行回归，价值挖掘识别对经济增长的β系数由模型2中的0.614（$p<0.01$）下降为模型37中的0.260（$p<0.01$），说明开放协作在价值挖掘识别影响经济增长的过程中起到了部分中介作用。模型38是在模型2的基础上，加入集群创新进行回归，价值挖掘识别对经济增

表 4-9 价值创造在价值发现与经济增长之间的中介效应检验结果（1）

变量	经济增长				
	模型 32	模型 33	模型 34	模型 35	模型 36
资源保护传承	0.193***	0.141**	0.152***	0.108**	0.219***
开放协作	0.546***				
集群创新		0.643***			
精益运营			0.675***		
协同治理				0.721***	
数字赋能					0.609***
企业规模	0.138***	0.142***	0.116***	0.098**	0.115**
所属行业	-0.034	-0.031	-0.033	-0.013	0.027
发展阶段	-0.060	-0.066	-0.079*	-0.063	-0.082*
Constant	0.565*	1.385***	0.422*	0.295	0.228
F 值	47.962***	64.464***	79.662***	88.807***	68.922***
R^2	0.488	0.561	0.612	0.638	0.578
Adj-R^2	0.477	0.553	0.605	0.631	0.569

注：*、**、***分别表示双尾 t 检验值在 10%、5%和 1%水平上统计显著。

表 4-9　价值创造在价值发现与经济增长之间的中介效应检验结果（2）

变量	经济增长				
	模型 37	模型 38	模型 39	模型 40	模型 41
价值挖掘识别	0.260***	0.213***	0.157***	0.194***	0.268***
开放协作	0.493***				
集群创新		0.594***			
精益运营			0.661***		
协同治理				0.668***	
数字赋能					0.575***
企业规模	0.129***	0.135***	0.111**	0.095**	0.108**
所属行业	-0.015	-0.016	-0.019	-0.002	0.044
发展阶段	-0.044	-0.053	-0.068	-0.053	-0.064
Constant	0.594**	0.254	0.510**	0.209	0.258
F 值	50.750***	68.207***	79.319***	95.288***	73.077***
R^2	0.502	0.575	0.611	0.654	0.592
Adj-R^2	0.492	0.567	0.604	0.647	0.584

注：**、***分别表示双尾 t 检验值在 5%和 1%水平上统计显著。

长的β系数由模型2中的0.614（$p<0.01$）下降为模型38中的0.213（$p<0.01$），说明集群创新在价值挖掘识别影响经济增长的过程中起到了部分中介作用。模型39是在模型2的基础上，加入协同治理进行回归，价值挖掘识别对经济增长的β系数由模型2中的0.614（$p<0.01$）下降为模型39中的0.157（$p<0.01$），说明精益运营在价值挖掘识别影响经济增长的过程中起到了部分中介作用。模型40是在模型2的基础上，加入协同治理进行回归，价值挖掘识别对经济增长的β系数由模型2中的0.614（$p<0.01$）下降为模型40中的0.194（$p<0.01$），说明协同治理在价值挖掘识别影响经济增长的过程中起到了部分中介作用。模型41是在模型2的基础上，加入数字赋能进行回归，价值挖掘识别对经济增长的β系数由模型2中的0.614（$p<0.01$）下降为模型41中的0.268（$p<0.01$），说明数字赋能在价值挖掘识别影响经济增长的过程中起到了部分中介作用。

表4-10是以红绿融合为因变量，检验了自变量、中介变量同时纳入模型时对红绿融合的影响。

在表4-10（1）中，模型42是在模型8的基础上，加入开放协作进行回归，资源保护传承对红绿融合的β系数由模型8中的0.579（$p<0.01$）下降为模型42中的0.173（$p<0.01$），说明开放协作在资源保护传承影响红绿融合的过程中起到了部分中介作用。模型43是在模型1的基础上，加入集群创新进行回归，资源保护传承对红绿融合的β系数由模型8中的0.579（$p<0.01$）下降为模型43中的0.119（$p<0.05$），说明集群创新在资源保护传承影响红绿融合的过程中起到了部分中介作用。模型44是在模型8的基础上，加入精益运营进行回归，资源保护传承对红绿融合的β系数由模型1中的0.579（$p<0.01$）下降为模型44中的0.195（$p<0.01$），说明精益运营在资源保护传承影响红绿融合的过程中起到了部分中介作用。模型45是在模型8的基础上，加入协同治理进行回归，资源保护传承对红绿融合的

β 系数由模型 8 中的 0.579（$p<0.01$）下降为模型 45 中的 0.100（$p<0.05$），说明协同治理在资源保护传承影响红绿融合的过程中起到了部分中介作用。模型 46 是在模型 8 的基础上，加入数字赋能进行回归，资源保护传承对红绿融合的 β 系数由模型 8 中的 0.579（$p<0.01$）下降为模型 46 中的 0.245（$p<0.01$），说明数字赋能在资源保护传承影响红绿融合的过程中起到了部分中介作用。

表 4-10　价值创造在价值发现与红绿融合之间的中介效应检验结果（1）

变量	红绿融合				
	模型 42	模型 43	模型 44	模型 45	模型 46
资源保护传承	0.173***	0.119**	0.195***	0.100**	0.245***
开放协作	0.578***				
集群创新		0.680***			
精益运营			0.611***		
协同治理				0.738***	
数字赋能					0.569***
企业规模	0.036***	0.040	0.013***	-0.006	0.012
所属行业	-0.031	-0.028	-0.031	-0.009	0.025
发展阶段	0.014	0.007	-0.004*	0.010	-0.007
Constant	0.527*	0.208***	0.513*	0.272	0.301
F 值	51.135***	70.984***	64.132***	93.590***	60.388***
R^2	0.504	0.585	0.560	0.650	0.545
Adj-R^2	0.494	0.577	0.551	0.643	0.536

注：*、**、***分别表示双尾 t 检验值在 10%、5%和 1%水平上统计显著。

在表 4-10（2）中，模型 47 是在模型 9 的基础上，加入开放协作进行回归，价值挖掘识别对红绿融合的 β 系数由模型 9 中的 0.574（$p<0.01$）下降为模型 47 中的 0.151（$p<0.05$），说明开放协作在价值挖掘识别影响红绿融合的过程中起到了部分中介作用。模型 48 是在模型 9 的基础上，加入集群创新进行回归，价值挖掘识别对红绿融合的 β 系数由模型 9 中的 0.574（$p<0.01$）下降为模型 48 中的 0.113（$p<0.05$），说明集群创新在价值挖掘识别影响红绿融合的过程中起到了部分中介作用。模型 49 是在模型 9 的基础上，加入协同治理进行回归，价值挖掘识别对红绿融合的 β 系数由模型 9 中的 0.574（$p<0.01$）下降为模型 49 中的 0.131（$p<0.05$），说明精益运营在价值挖掘识别影响红绿融合的过程中起到了部分中介作用。模型 50 是在模型 9 的基础上，加入协同治理进行回归，价值挖掘识别对红绿融合的 β 系数由模型 9 中的 0.574（$p<0.01$）下降为模型 50 中的 0.117（$p<0.05$），说明协同治理在价值挖掘识别影响红绿融合的过程中起到了部分中介作用。模型 51 是在模型 9 的基础上，加入数字赋能进行回归，价值挖掘识别对红绿融合的 β 系数由模型 9 中的 0.574（$p<0.01$）下降为模型 51 中的 0.228（$p<0.01$），说明数字赋能在价值挖掘识别影响红绿融合的过程中起到了部分中介作用。

表 4-10　价值创造在价值发现与红绿融合之间的中介效应检验结果（2）

变量	红绿融合				
	模型 47	模型 48	模型 49	模型 50	模型 51
价值挖掘识别	0.151**	0.113**	0.131**	0.117**	0.228***
开放协作	0.590***				

续表

变量	红绿融合				
	模型 47	模型 48	模型 49	模型 50	模型 51
集群创新		0.684***			
精益运营			0.643***		
协同治理				0.729***	
数字赋能					0.575***
企业规模	0.031	0.037	0.007**	-0.009**	0.004
所属行业	-0.017	-0.018	-0.017	-0.001	0.046
发展阶段	0.025	0.015	0.007	0.018	0.009
Constant	0.621**	0.259	0.715***	0.277	0.434
F 值	50.334***	70.762***	60.587***	94.629***	58.940***
R^2	0.500	0.584	0.546	0.652	0.539
Adj-R^2	0.490	0.576	0.537	0.646	0.530

注：**、***分别表示双尾 t 检验值在 5%和 1%水平上统计显著。

表 4-11 是以村民增收为因变量，检验了自变量、中介变量同时纳入模型时对村民增收的影响。

在表 4-11（1）中，模型 52 是在模型 15 的基础上，加入开放协作进行回归，资源保护传承对村民增收的 β 系数由模型 15 中的 0.609（$p<0.01$）下降为模型 52 中的 0.163（$p<0.01$），说明开放协作在资源保护传承影响村民增收的过程中起到了部分中介作用。模型 53 是在模型 15 的基础上，加入集群创新进行回归，资源保护传承

对村民增收的 β 系数由模型 15 中的 0. 609（p<0. 01）下降为模型 43 中的 0. 162（p<0. 05），说明集群创新在资源保护传承影响村民增收的过程中起到了部分中介作用。模型 54 是在模型 15 的基础上，加入精益运营进行回归，资源保护传承对村民增收的 β 系数由模型 15 中的 0. 609（p<0. 01）下降为模型 54 中的 0. 201（p<0. 01），说明精益运营在资源保护传承影响村民增收的过程中起到了部分中介作用。模型 55 是在模型 15 的基础上，加入协同治理进行回归，资源保护传承对村民增收的 β 系数由模型 15 中的 0. 609（p<0. 01）下降为模型 55 中的 0. 116（p<0. 01），说明协同治理在资源保护传承影响村民增收的过程中起到了部分中介作用。模型 56 是在模型 15 的基础上，加入数字赋能进行回归，资源保护传承对村民增收的 β 系数由模型 8 中的 0. 609（p<0. 01）下降为模型 46 中的 0. 309（p<0. 01），说明数字赋能在资源保护传承影响村民增收的过程中起到了部分中介作用。

表 4-11　价值创造在价值发现与村民增收之间的中介效应检验结果（1）

变量	村民增收				
	模型 52	模型 53	模型 54	模型 55	模型 56
资源保护传承	0. 163***	0. 162**	0. 201***	0. 116***	0. 309***
开放协作	0. 634***				
集群创新		0. 660***			
精益运营			0. 648***		
协同治理				0. 758***	
数字赋能					0. 511***
企业规模	0. 082*	0. 083**	0. 056***	0. 037	0. 055

续表

变量	村民增收				
	模型 52	模型 53	模型 54	模型 55	模型 56
所属行业	-0.005	-0.004	-0.006	0.016	0.043
发展阶段	0.027	0.020	0.008	0.023	0.008
Constant	0.186*	-0.021***	0.201	-0.018	0.145
F 值	69.197***	79.300***	85.548***	122.238***	60.385***
R^2	0.579	0.611	0.629	0.708	0.545
Adj-R^2	0.570	0.604	0.622	0.702	0.536

注：*、**、***分别表示双尾 t 检验值在 10%、5%和 1%水平上统计显著。

在表 4-11（2）中，模型 57 是在模型 16 的基础上，加入开放协作进行回归，价值挖掘识别对村民增收的 β 系数由模型 16 中的 0.651（p<0.01）下降为模型 57 中的 0.238（p<0.01），说明开放协作在价值挖掘识别影响村民增收的过程中起到了部分中介作用。模型 58 是在模型 16 的基础上，加入集群创新进行回归，价值挖掘识别对村民增收的 β 系数由模型 16 中的 0.651（p<0.01）下降为模型 58 中的 0.243（p<0.05），说明集群创新在价值挖掘识别影响村民增收的过程中起到了部分中介作用。模型 59 是在模型 16 的基础上，加入协同治理进行回归，价值挖掘识别对村民增收的 β 系数由模型 16 中的 0.651（p<0.01）下降为模型 59 中的 0.223（p<0.05），说明精益运营在价值挖掘识别影响村民增收的过程中起到了部分中介作用。模型 60 是在模型 16 的基础上，加入协同治理进行回归，价值挖掘识别对村民增收的 β 系数由模型 16 中的 0.651（p<0.01）下降为模型 60 中的 0.212（p<0.05），说明协同治理在价值挖掘识别影响村民增收的过程中起到了部分中介作用。模型 61 是在模型 16 的基础上，加入数字赋能进行回归，价值挖掘识别对村民增收的 β 系数由模型 16 中的

0.651（p<0.01）下降为模型 61 中的 0.369（p<0.01），说明数字赋能在价值挖掘识别影响村民增收的过程中起到了部分中介作用。

表 4-11　价值创造在价值发现与村民增收之间的中介效应检验结果（2）

变量	村民增收				
	模型 57	模型 58	模型 59	模型 60	模型 61
价值挖掘识别	0.238***	0.243**	0.223**	0.212**	0.369***
开放协作	0.577***				
集群创新		0.605***			
精益运营			0.619***		
协同治理				0.700***	
数字赋能					0.468***
企业规模	0.073	0.074*	0.049	0.033**	0.044
所属行业	0.011	0.013	0.012	0.027	0.067
发展阶段	0.043	0.035	0.024	0.035	0.033
Constant	0.197	-0.035	0.301***	-0.115	0.198
F 值	72.287***	85.562***	86.158***	134.513***	66.677***
R^2	0.593	0.629	0.631	0.727	0.570
Adj-R^2	0.584	0.622	0.624	0.722	0.561

注：*、**、***分别表示双尾 t 检验值在 10%、5%和 1%水平上统计显著。

第四节　本章小结

本章利用扎根理论构建了“价值发现→价值创造→价值获取”的乡村红色资源价值转化机制模型，即在乡村红色资源保护传承及其价值挖掘识别的基础上，通过以集群创新、精益运营、协同治理、开放协作和数字赋能为内容的乡村红色资源的价值创造，从而兼顾实现乡村经济增长、红绿融合和村民增收。乡村红色资源价值转化包含其价值发现、价值创造及其价值获取等过程要素，其中，乡村红色资源价值发现是基础动力，乡村红色资源价值创造是直接动力，乡村红色资源价值获取是支撑动力。在乡村红色资源价值转化的不同阶段，具体动力作用程度具有差异，动力之间的互动作用很大程度上决定红色资源价值转化结果。

在乡村红色资源价值转化机制模型中，乡村红色资源价值创造在价值发现基础上的进一步深化，包括集群创新、精益运营、协同治理、开放协作、数字赋能等内容。集群创新不是单一地发展乡村红色旅游，而是致力于推进乡村红色资源与生态农业、特色工业、文化旅游、文化创意、健康养生等多业态的深度融合。精益运营旨在将产业战略规划落实到企业主体的战略行动，提升乡村红色文化品牌美誉度。协同治理旨在激发企业主体的创造力，不断优化运营主体治理结构。开放协作旨在跨山统筹、跨区合作、山海协作，动态挖掘乡村红色资源价值转化潜力。数字赋能旨在顺应产业及企业数字化转型新趋势，不断提升红色关联企业的大数据能力。在此基础上，从经济增长、红绿融合、村民增收三个层次实现乡村红色资源的价值创造，从而实现乡村红色资源价值转化的经济效益、生态效益和社会效益。

进一步，本章对乡村红色资源价值转化的扎根理论模型，进行了实证检验。直接效应的实证结果表明，乡村红色资源保护传承、价值挖掘识别、开放协作、集群创新、精益运营、协同治理及数字赋能对经济增长均具有显著的正向影响；乡村红色资源保护传承、价值挖掘识别、开放协作、集群创新、精益运营、协同治理及数字赋能对红绿融合均具有显著的正向影响；乡村红色资源保护传承、价值挖掘识别、开放协作、集群创新、精益运营、协同治理及数字赋能对村民增收均具有显著的正向影响。乡村红色资源保护传承对开放协作、集群创新、精益运营、协同治理及数字赋能均具有显著的正向影响；乡村红色资源价值挖掘识别开放协作、集群创新、精益运营、协同治理及数字赋能均具有显著的正向影响。

中介效应的实证结果表明：

——开放协作、集群创新、精益运营、协同治理、数字赋能分别在乡村红色资源保护传承与经济增长关系中起部分中介作用；

——开放协作、集群创新、精益运营、协同治理、数字赋能分别在乡村红色资源价值挖掘识别与经济增长关系中起部分中介作用；

——开放协作、集群创新、精益运营、协同治理、数字赋能分别在乡村红色资源保护传承与红绿融合关系中起部分中介作用；

——开放协作、集群创新、精益运营、协同治理、数字赋能分别在乡村红色资源价值挖掘识别与红绿融合关系中起部分中介作用；

——开放协作、集群创新、精益运营、协同治理、数字赋能分别在乡村红色资源保护传承与村民增收关系中起部分中介作用；

——开放协作、集群创新、精益运营、协同治理、数字赋能分别在乡村红色资源价值挖掘识别与村民增收关系中起部分中介作用。

第五章 乡村红色资源价值转化的潜力及效能评价

红色资源价值转化潜力评价是对红色资源价值进行转化的重要前提，旨在通过科学、合理的评价方法判定乡村红色资源价值转化的潜力大小。红色资源价值转化效能评价则是调整红色资源价值转化策略的重要依据，旨在针对红色资源开发转化的质量好坏和效率高低进行评价。由于红色资源是一种集政治教育、经济发展、文化传播等价值和功能于一体的独特的综合性资源，这给对红色资源价值转化潜力及效能的评价工作带来了难度。

相关研究成果仍然存在如下不足：

第一，偏重于关注红色资源的旅游价值的评价（唐丽萍和冯淑华，2011），对红色资源的社会、教育等方面的价值评价相对缺乏。实际上，红色资源价值表现在很多方面，仅仅关注其中一个方面具有局限性。

第二，少量研究开始关注乡村红色资源价值转化的潜力评价，但仍缺少对乡村红色资源价值转化的效能评价（张建玲和肖强，2013），集成乡村红色资源价值转化的潜力及效能的综合性评价尤为缺乏。

第三，对红色资源价值评价大多以定性研究为主，对红色资源价值的定量评价相对缺乏（谢庐明和陈建平，2007）。相对而言，红色资源价值转化的定性评价具有较强的主观性，定量评价更加客观科学，因此，有必要结合定性和定量的方法，开展对红色资源价值转化的评价。

基于理论与实践的需要，本章重点聚焦于三个具体问题进行研究，包括乡村红色资源价值转化潜力和效能评价的维度有哪些？选取哪些指标对各个评价维度进行衡量？不同维度及不同指标的权重又该如何设定？由此，本章在理论研究和实践调研的基础上，遵循评价体系构建的综合性、实用性、科学性原则，从事前与事后两个角度，分别构建乡村红色资源价值转化潜力评价指标体系和效能评价指标体系，利用层次分析法分别得到两个评价体系下各指标的权重，进而对龙泉市住龙镇红色资源价值转化的潜力大小，以及遂昌县王村口镇红色资源价值转化的效能水平，进行案例分析和评价。

第一节　理论分析

理论上，乡村红色资源价值转化评价是一个连续的动态过程。在开展红色资源价值转化工作之前，有必要对其所具备的发展潜力进行评价。乡村红色资源价值转化潜力评价关注乡村红色资源价值转化的强劲动力是否长久、弹性是否较大及持续性是否强劲（刘安乐等，2021），旨在通过科学合理的评价方法，来判定乡村红色资源价值转化的潜力大小。准确评价乡村红色资源价值转化潜力，能为合理制定资源开发方案及转化策略提供依据（李伯华等，2017）。学者认为，资源潜力评价既要考虑其内生发展能力，也要考虑外部发展条件的影响（刘安乐等，2021）。同时，资源潜力评价不仅需要考虑其先天性因素，也有必要考虑后天性因素（钱小丽和吕雯，2020）。学者认为，内生的资源发展能力主要取决于资源自身由外及内吸引力的大小，如资源所蕴含的文化价值、社会价值等；而外部发展条件对资源发展的作用力变现为经济和环境的支撑能力（王元伦，2020）。纵观文献，有关一般资源的潜力评价研究较为丰富，但以乡村红色资源这一特定对象的潜力评价研究仍比较缺乏。

而在开展红色资源价值转化工作之后，则需对价值转化的成果和效率进行评价（史云贵和孙宇辰，2016）。乡村红色资源价值转化效能指乡村红色资源在经过有目的有组织地开发和利用后所表现出来的效率和效果（史云贵和孙宇辰，2016），对其进行评价旨在针对乡村红色资源开发工作的质量好坏和效率高低的结论性评价。准确评价乡村红色资源价值的转化效能，能为调整资源转化策略提供参考。已有有关乡村红色资源效能评价的研究局限于红色旅游模式所产生的经济效益评价，而忽略了对乡村红色资源的社会、生态等效益的综合评价。实际上，资源价值转化评估不应仅仅局限于经济效益，资源的原真性保护与传承对资源价值进一步转化能起到正反馈作用（Cleland Doug，2002）。有学者指出，在资源开发的过程中，不能采用静态的保护方式，而应对其进行价值重塑，注入活力，开发特色产品来满足人们的需求，从而形成稳定的产业链，提升居民收入水平（牛玉和汪德根，2015）。

第二节　乡村红色资源价值转化潜力评价指标体系

基于已有研究成果，本节以综合性、实用性、科学性作为乡村红色资源价值转化潜力评价体系构建的基本原则（刘璟琦和桂橙林，2019），从文化价值、社会价值、生态价值、体验价值、经济价值5个维度，构建乡村红色资源价值转化潜力评价指标体系。在此基础上，利用层次分析法得到乡村红色资源价值转化潜力评价体系下各指标的权重，并对龙泉市住龙镇的红色资源价值转化潜力进行案例分析和评价。

一、乡村红色资源价值转化潜力评价指标体系的构建

本节采用层次分析法，构建乡村红色资源价值转化潜力评价指标体系。遵循构造层次结构模型→构建指标间两两比较的判断矩阵→专家评分→计算各层指标权重→进行一致性检验等步骤。通过定性指标的量化，计算层次单排序和总排序的结果，从而为多目标、多方案的乡村红色资源价值转化优化决策提供参考。

目标层是研究优化决策问题的总目标，即乡村红色资源价值转化潜力评价 a。准则层是实现优化决策问题的核心环节，分别是文化价值 b_1、社会价值 b_2、生态价值 b_3、体验价值 b_4 和经济价值 b_5。对准则层中的各个因素进行具体分解，形成子准则层。文化价值 b_1 共分解为 4 个子指标，分别是独特性 c_1、完整性 c_2、感召力 c_3 和高尚性 c_4。社会价值 b_2 共分解为 4 个子指标，分别是教育性 c_5、认同性 c_6、时代性 c_7、传承性 c_8。生态价值 b_3 共分解为 3 个子指标，分别是原真性 c_9、稀缺性 c_{10} 和可持续性 c_{11}。体验价值 b_4 共分解为 3 个子指标，分别是情感性 c_{12}、激励性 c_{13} 和情境性 c_{14}。经济价值 b_5 共分解为 5 个子指标，分别是知名性 c_{15}、创新性 c_{16}、市场需求 c_{17}、可开发性 c_{18} 和行业环境 c_{19}。本节所构建的乡村红色资源价值转化潜力评价指标体系及各指标定义，如表 5-1 所示。

表 5-1　乡村红色资源价值转化潜力评价指标及说明

评价角度	评价指标	指标定义
文化价值 b_1	独特性 c_1	在中国革命史中的独特地位和个性特征
	完整性 c_2	在红色资源存量、质量与保护等方面的完整程度
	感召力 c_3	革命史、奋斗史、英雄史的感召力
	高尚性 c_4	革命英雄人物的风范和魅力的崇高程度

续表

评价角度	评价指标	指标定义
社会价值 b_2	教育性 c_5	可供人参观、学习、受教育的程度
	认同性 c_6	唤起民众对红色文化认同感的程度
	时代性 c_7	与当代社会文化价值理念的契合程度
	传承性 c_8	革命精神传承地域的广泛程度
生态价值 b_3	原真性 c_9	革命文物原汁原味的程度
	稀缺性 c_{10}	红色资源数量的稀缺程度
	可持续性 c_{11}	支持区域绿色发展的可能性
体验价值 b_4	情感性 c_{12}	满足人的理想信念需求的程度
	激励性 c_{13}	引起人的奋斗精神反应程度
	情境性 c_{14}	将人带入红色文化氛围的程度
经济价值 b_5	知名性 c_{15}	在公众和媒体中的受关注程度
	创新性 c_{16}	激发关联产业创新活力的程度
	市场需求 c_{17}	在一定地区和时间，人们对红色文化创意产品的需求程度
	可开发性 c_{18}	转化为文创等商品或服务并获取经济效益的难易程度
	行业环境 c_{19}	特定区域内的产业及经济发展、政策配套和基础建设情况

二、乡村红色资源价值转化潜力评价指标权重的确定

本研究基于相关文献研究，并与相关领域专家讨论，确定了各个层面的影响因素后，设计了专家打分表，并邀请行业学者进行打分。

通过对回收打分表的正互反性检验和一致性检验的基础上，利用 Matlab 软件对回收打分表进行决策分析，得出乡村红色资源价值转化潜力评价指标的综合权重，如表 5-2 所示。

表 5-2 乡村红色资源价值转化潜力评价指标体系综合权重

目标层	准则层	权重	子准则层	权重（%）	排名
乡村红色资源价值转化潜力评价 a	文化价值 b_1	25.41%	独特性 c_1	3.39	15
			完整性 c_2	3.59	13
			感召力 c_3	6.71	6
			高尚性 c_4	11.72	1
	社会价值 b_2	25.41%	教育性 c_5	4.84	7
			认同性 c_6	3.06	16
			时代性 c_7	10.62	2
			传承性 c_8	6.88	5
	生态价值 b_3	19.18%	原真性 c_9	10.55	3
			稀缺性 c_{10}	4.61	9
			可持续性 c_{11}	4.03	12
	体验价值 b_4	10.82%	情感性 c_{12}	4.19	10
			激励性 c_{13}	4.80	8
			情境性 c_{14}	1.83	19
	经济价值 b_5	19.18%	知名性 c_{15}	2.37	17
			创新性 c_{16}	7.22	4
			市场需求 c_{17}	3.40	14
			可开发性 c_{18}	4.04	11
			行业环境 c_{19}	2.15	18

由表 5-2 可见，乡村红色资源价值转化的潜力评价的准则层排序情况为，文化价值 b_1 和社会价值 b_2 在乡村红色资源价值转化潜力评估中所占的权重最高，是影响资源价值转化潜力高低的核心要素。生态价值 b_3 和经济价值 b_5 次之，表明在红色资源保护与开发过程中，应当充分发挥人的主观能动性，不仅要注重对红色资源的保护和传承，还应当重视文化资源向经济价值的转化。体验价值 b_4 对红色资源价值转化潜力评价影响相对较小。

进一步，根据权重大小，将乡村红色资源价值转化潜力评价指标的子准则层划分为核心因素（≥0.055）、重要因素（≥0.035）和次要因素（<0.035）。其中，高尚性 c_4、时代性 c_7、原真性 c_9、创新性 c_{16}、传承性 c_8、感召力 c_3 对乡村红色资源的价值转化潜力评价至关重要，属于核心因素。教育性 c_5、激励性 c_{13}、稀缺性 c_{10}、情感性 c_{12}、可开发性 c_{18}、可持续性 c_{11}、完整性 c_2 等因素对乡村红色资源的价值转化潜力评价的影响稍弱，属于重要因素。其他各类因素虽属于次要因素，但对于乡村红色资源价值转化潜力评价的意义也不可忽视。

三、龙泉市住龙镇的案例分析

本节以龙泉市住龙镇为例，对其红色资源价值转化潜力进行评价。凭借着得天独厚的地理位置、自然条件和朴实的民风，住龙镇成为浙西南革命根据地的核心区域之一。这里曾经孕育了龙浦和龙遂两个县委旧址，为革命精神从星星之火到燎原之势创造了坚固的支撑。这里放置着中共浙江省委第一部电台，用大山里的无线电波架起了与指挥中枢顺畅交流的沟通桥梁。这里举办了中共处署第一次党代会和第一、二、三次基层干部培训班，让浙西南革命烈火不断的在传承中熊熊燃烧。

在文化价值的独特性方面，住龙镇创造了四个第一，即浙西南第一个县级苏维埃政府——龙浦县苏维埃政府在住溪村成立，省委第一部电台安装在住龙水塔村，中共处属特委第一次党员代表会议在住龙水塔村召开，中共处属特委第一、二、三次基层干部培训班在住龙水塔村举办，住龙镇在中国革命史中具有一定的独特地位和个性特征。

在社会价值的教育性方面，住龙镇通过镇域内丰富的乡村红色资源，串点成线，融合重走红军路、吃红军餐等活动内容，推出红色展厅、红军街、红军路、党校老师上党课、老支书讲革命史、村干部讲鱼水情、听一次党课、看一次革命史、重走一次红军路、学一首红歌的红色教育套餐，这些红色教育套餐为人们参观、学习、受教育等提供了丰富的素材。

在生态价值的原真性方面，住龙镇修复了中共浙西南特委驻地旧址，中共处属第一、二、三次代表培训旧址等红色遗址 11 处，打造浙江省第一个村级革命烈士陵园、红色文化广场红色阵地等 4 处，重建浙闽红军古道、擂鼓山红军古道等 5 条，在一定程度上保证了革命文物原汁原味。

在体验价值的情境性方面，住龙镇域范围内的红色景观节点还未能形成较为紧凑、有连续性的串联，部分游线存在内容较为单薄、断头线路等问题，还缺少具有一定体量的红色主景观节点，这对整体呈现带来了一定的影响，这在一定程度上制约了将人带入红色文化氛围的程度。

在经济价值的创新性方面，住龙镇以融合发展的理念打造旅游线路，将各村红色旅游资源、绿色旅游资源、古色旅游资源串点成线，开发一批不同红色主题、内涵丰富、形式多样的复合型的特色路线，突出游客需求全面性，这激发了红色关联产业的创新活力。

第三节 乡村红色资源价值转化效能评价指标体系

承接前文，本节以综合性、实用性、科学性作为乡村红色资源价值转化效能评价体系构建的基本原则（刘璟琦和桂橙林，2019），从红色资源保护传承、红色文化景观塑造提升、红色资源价值挖掘利用和公众社区参与协同治理4个维度，构建乡村红色资源价值转化效能评价指标体系。在此基础上，利用层次分析法得到乡村红色资源价值转化效能评价体系下各指标的权重，并对遂昌县王村口镇红色资源价值转化的效能水平，进行案例分析和评价。

一、乡村红色资源价值转化效能评价指标体系的构建

本研究目标层是研究优化决策问题的总目标，即乡村红色资源价值转化效能评价 A。准则层是实现优化决策问题的核心环节，分别为红色资源保护传承 B_1、红色文化景观塑造提升 B_2、红色资源价值挖掘利用 B_3 和公众社区参与协同治理 B_4。对准则层中的各个因素进行具体分解，形成子准则层。红色资源保护传承 B_1 共分解为 3 个子指标，分别是红色风貌原真程度 C_1、红色建筑修缮平衡 C_2 和红色风貌认同程度 C_3。红色文化景观塑造提升 B_2 共分解为 3 个子指标，分别是红色文化原真程度 C_4、新旧环境和谐水平 C_5 和红色景观生态质量 C_6。红色资源价值挖掘利用 B_3 共分解为 3 个子指标，分别是红色资源保护利用程度 C_7、红色关联产业活力 C_8 和红色乡镇居民就业收入 C_9。公众社区参与协同治理 B_4 共分解为 3 个子指标，分别是红色乡镇居住环境质量 C_{10}、红色乡镇政府管理能力 C_{11} 和红色乡镇居民参与

程度 C_{12}。本节构建的乡村红色资源价值转化效能评价指标体系，如表 5-3 所示。

表 5-3　乡村红色资源价值转化潜力评价指标及说明

评价角度	评价指标	指标定义
红色资源保护传承 B_1	红色风貌原真程度 C_1	红色建筑风貌原汁原味的程度
	红色建筑修缮平衡 C_2	红色建筑修缮的适宜程度
	红色风貌认同程度 C_3	红色建筑在人们心中的认可度
红色文化景观塑造提升 B_2	红色文化原真程度 C_4	红色文化原汁原味的程度
	新旧环境和谐水平 C_5	旧建筑、旧文化在新环境下的适应程度
	红色景观生态质量 C_6	红色景观所处区域的生态环境质量
红色资源价值挖掘利用 B_3	红色资源保护利用程度 C_7	红色资源价值开发和利用程度
	红色关联产业活力 C_8	红色相关产业给区域发展带来的经济活力
	红色乡镇居民就业收入 C_9	乡镇居民年均收入水平
公众社区参与协同治理 B_4	红色乡镇居住环境质量 C_{10}	乡镇居民居住水平
	红色乡镇政府管理能力 C_{11}	乡镇政府的管理决策水平
	红色乡镇居民参与程度 C_{12}	乡镇居民社区活动的投入程度

二、乡村红色资源价值转化效能评价指标权重的确定

基于相关文献研究并与相关领域专家讨论，确定了各个层面的影响因素后，设计了专家打分表，并邀请行业学者进行打分。专家打分表包括准则层的 1 个 4×4 矩阵表格，子准则层的 4 个 3×3 矩阵表格。按照层次分析法的相关步骤，利用 Matlab 软件，对打分表进行决策分析，进而得出乡村红色资源价值转化效能评价指标的综合权重，如表

5-4 所示。

表 5-4　乡村红色资源价值转化效能评价指标体系综合权重（%）

目标层	准则层	权重	子准则层	权重	排名
乡村红色资源价值转化效能评价 A	红色资源保护传承 B_1	23.26	红色风貌原真程度 C_1	9.60	3
			红色建筑修缮平衡 C_2	7.62	6
			红色风貌认同程度 C_3	6.05	9
	红色文化景观塑造提升 B_2	27.77	红色文化原真程度 C_4	6.62	7
			新旧环境和谐水平 C_5	3.79	11
			红色景观生态质量 C_6	17.36	2
乡村红色资源价值转化效能评价 A	红色资源价值挖掘利用 B_3	36.59	红色资源保护利用程度 C_7	8.79	4
			红色关联产业活力 C_8	20.12	1
			红色乡镇居民就业收入 C_9	7.68	5
	公众社区参与协同治理 B_4	12.38	红色乡镇居住环境质量 C_{10}	6.11	8
			红色乡镇政府管理能力 C_{11}	3.85	10
			红色乡镇居民参与程度 C_{12}	2.42	12

由表 5-4 可见，乡村红色资源价值转化的效能评价指标体系结果的准则层排序情况为：红色资源价值挖掘利用 B_3 在乡村红色资源价值转化效能评估中所占权重最高，表明对红色资源价值进行挖掘和利用所产生的成效是最能代表红色资源价值得到转化的要素，在该准则层下的子准则层红色关联产业活力 C_8、红色资源保护利用程度 C_7、红色乡镇居民就业收入 C_9 在整个指标体系中所占权重均较大，其中红色关联产业活力是最核心的要素，这说明构建一体化的红色旅游、红色教育、红色文化创意等乡村红色关联产业对乡村红色资源价值转化是至关重要的。

红色文化景观塑造提升 B_2 在乡村红色资源价值转化效能评估中所占的权重次之，在该准则层下的子准则层红色景观生态质量 C_6 所占权重在整个指标体系中位于第二，这说明红绿融合是乡村振兴背景下乡村红色资源价值转化的可行路径，除了经济效益以外，生态效益同样重要。红色资源保护和传承 B_1 和公众社区参与协同治理 B_4 对红色资源价值转化效能评价影响相对较小。

三、遂昌县王村口镇的案例分析

本节以遂昌县王村口镇为例，对其红色资源价值转化效能进行评价。1935 年，刘英、粟裕率领中国工农红军挺进师，创建了以遂昌王村口为中心的浙西南游击根据地，开展了三年艰苦卓绝的游击战争。王村口全镇森林覆盖率达到 90%以上，是名副其实的天然氧吧。王村口镇立足红、古、绿三色融合发展，努力建设成为高质量绿色发展的标杆，现已入选第四批新型城镇化标准化国家试点。

在红色资源保护传承的红色建筑修缮平衡方面，王村口镇积极打造华东地区最美的百里红军古道，沿途修缮提升挺进师后方基地、上垟精神展陈馆、毛家大院、戒赌碑、张麒麟烈士纪念碑等诸多红色遗存，建设驿站、宿营地等配套设施，推动了红色旅游向全域渗透，带动了群众增收致富。

在红色文化景观塑造提升的红色景观生态质量方面，王村口镇成立了生态强村公司，提升王村口镇红、古、绿三色融合质量。王村口镇弘扬红色，完成了粟裕展陈馆建设。同时，加快推进浙西南干部培训中心项目建设、挺进师纪念馆改扩建前期规划方案编制，红军挺进广场预算编制。王村口镇积极修复、保护古镇的历史肌理和传统风貌，加快推进南尖岩至王村口镇通景公路建设，初步实现了高质量的红绿融合发展。

在红色资源价值挖掘利用的红色乡镇居民就业收入方面，王村口聚焦红色，彰显特色，深入挖掘本土红色资源，活态传承浙西南革命精神，王村口镇的传统特色小店中 2/3 的经营者是当地村民。木槿花宴、自酿的红军酒、自制的红军茶等，各种承载了红色记忆的老手艺百花齐放。2019 年，王村口镇的农民人均纯收入已达 1. 69 万元，同比增长了 10. 57%。

在公众社区参与协同治理的红色乡镇政府管理能力方面，王村口镇人民政府高度重视红色旅游示范小镇创建工作，成立了以镇长为组长、分管副镇长为副组长，其他班子为成员的领导小组。要求村联系领导和住村干部到村召开两委会议，将该项工作进行传达，资金筹集、建设管理、运行服务等各项工作成效显著。

第四节　本章小结

红色资源价值转化潜力评价是通过科学、合理的评价方法判定乡村红色资源价值转化的潜力大小，是对红色资源进行合理规划开发的重要前提。红色资源价值转化效能评价是针对红色资源开发工作的质量好坏和效率高低的结论性评价，是调整修改资源开发方案及价值转化策略的重要依据。然而，已有有关一般资源的潜力评价研究较为丰富，但以乡村红色资源为评价对象的研究仍比较缺乏。而已有有关乡村红色资源效能评价的研究，局限于红色旅游模式所产生的经济效益评价，而忽略了对乡村红色资源的社会、生态等其他效益的综合评价。

本章在理论研究和实践调研的基础上，遵循评价体系构建的综合性、实用性、科学性原则，从事前与事后两个角度，分别构建乡村红色资源价值转化潜力评价指标体系和效能评价指标体系，利用层次分析法得到两个评价体系下各指标的权重，进而对龙泉市住龙镇红色资源价值转化的潜力大小和遂昌县王村口镇红色资源价值转化的效能水平进行案例分析和评价。

乡村红色资源价值转化潜力评价指标包括文化价值、社会价值、生态价值、体验价值、经济价值5个维度19个具体指标。5个评价维度中，文化价值、社会价值在乡村红色资源价值转化潜力评估中所占的权重最高，生态价值和经济价值次之，体验价值对红色资源价值转化潜力评价影响相对较小。19个具体评价指标中，高尚性、时代性、原真性、创新性、传承性、感召力等指标属于核心指标；教育性、激励性、稀缺性、情感性、可开发性、可持续性、完整性等指标属于重要指标；其他6个指标皆属于次要指标。

乡村红色资源价值转化效能评价指标包括红色资源保护传承、红色文化景观塑造提升、红色资源价值挖掘利用、公众社区参与协同治理4个维度12个具体指标。红色资源价值挖掘利用在乡村红色资源价值转化效能评估中所占权重最高，该准则层下的红色关联产业活力是核心指标，该准则层下的红色资源保护利用程度、红色乡镇居民就业收入在整个指标体系中所占权重均较大。红色文化景观塑造提升在乡村红色资源价值转化效能评估中所占的权重次之，该准则层下的红色景观生态质量所占权重在整个指标体系中位于第二。红色资源保护和传承及公众社区参与协同治理对红色资源价值转化效能评价影响相对较小。

第六章　乡村红色资源价值转化的路径探索

革命老区乡村的红色资源非常丰富，红色资源可以成为促进老区乡村振兴、推动共同富裕的优势资源（李伟红，2021）。在红色资源价值转化路径的既有研究中，大多从政府宏观（龙柏林和李秋梅，2020）或产业中观（张熙凤和向伟，2021）视角，研究区域红色资源的价值转化路径，相关的案例研究较少。在红色资源价值转化实践中，没有充分挖掘和识别红色资源价值，红色资源价值转化路径单一，开发的产品趋于同质化（黄三生等，2018）。基于此，本章旨在探讨如下问题：如何突破红色资源价值转化的路径依赖？如何将政府的相关产业规划落实到企业行动？企业如何参与乡村红色资源价值创造？其路径有哪些？

本章以浙江省丽水市60个红色乡镇作为调研对象，采用问卷调查、实地访谈等方式获取第一手资料，分析乡村红色资源价值转化中存在的问题。具体而言，针对当地乡镇（街道）、相关村干部（领导）及当地典型运营企业管理者或员工，共发放问卷273份，有效回收258份。在此基础上，综合考虑浙江省丽水市红色乡镇的经济发展水平、地理位置及红色资源禀赋等因素，选取遂昌县王村口镇、莲都区老竹镇、龙泉市住龙镇、青田县章村乡、松阳县大东坝镇等作为案例分析样本。通过对调研结果的分析，呈现了浙江省丽水市红色乡镇在集群创新、精益运营、系统治理、开放协作和数字赋能5个领域促进乡村红色资源价值转化的创新路径。

第一节　集群创新，合力构建乡村红色关联产业链

一、现实瓶颈：乡村红色关联产业链有待延伸、整合和提升

产业集群已经演绎为当今经济版图的一个重要现象，这些集群吸收了稠密的经济能量，成为区域经济社会发展的必然选择。产业发展以地域空间为载体，区域经济发展以地方产业集群为基础。区域产业集群本质上是产业链的集聚，区域产业链构建包括区域产业链的延伸、整合及提升。实践中，不少地方的产业集群中的产业链，存在“短链”“断链”和“低链”等问题，因而难以发挥区域集群创新优势。具体表现为，丽水市乡村红色资源呈现单体资源价值不高、分布较为分散、产权主体复杂等特点，特别是大量红色资源分布在偏远山区，开发利用难度大。

调研发现，有3.88%的被调查者非常不同意“区域内红色关联产业正由单一向多元化发展”，有5.04%的被调查者非常不同意“地方政府及运营企业注重红色资源与当地特色产业的融合发展”，有5.43%的被调查者非常不同意“区域内红色关联产业发展的相关配套设施完善”，有3.88%的被调查者非常不同意“运营企业注重挖掘红色文化内涵，并能将红色元素融入产品或服务”。被调查者对乡村红色关联产业集群创新的认同程度，如表6-1所示。

表 6-1　对乡村红色关联产业集群创新的认同程度（%）

子维度	非常不同意	较不同意	一般	较同意	非常同意
产业多元	3.88	8.14	20.93	36.82	30.23
产业融合	5.04	5.43	24.81	31.78	32.94
产业配套	5.43	4.26	27.13	43.41	19.77
红色内涵	3.88	6.59	20.93	42.25	26.35

二、遂昌县王村口镇：集群创新，合力构建乡村红色关联产业链

通过跨山统筹、跨县统筹，打造主题鲜明的红色旅游、红色教育、红色文创等乡村红色关联产业链，通过集群创新形成极化作用，推进资源有效整合，发挥红色资源的整体优势，是丽水市推进乡村红色资源价值转化的一大亮点。针对上述瓶颈，遂昌县王村口镇进行了有益的探索。王村口镇位于遂昌县西南部，地处国家级自然保护区九龙山东麓，是粟裕军事思想形成的重要实践地。1935 年，刘英和粟裕率领中国工农红军挺进师，开展了三年（1935—1937 年）艰苦卓绝的游击战争。2014 年以来，王村口镇推进红色资源平台与周边旅游景区、森林公园、田园综合体、特色小镇等的捆绑发展，积极探索红绿资源的价值实现，把生态经济化和经济生态化作为主攻方向，走出了一条红色、绿色、文化、旅游产业融合发展的乡村振兴之路。在乡村振兴背景下，王村口镇注重革命旧址的保护和利用，将省级风情小镇建设规划、省级历史文化名镇规划、历史文化村落保护规划等多规合一，并将相邻的遂昌县焦滩乡、龙洋乡、蔡源乡与旅游风情小镇一并规划、跨山统筹，对接周边乡镇的文化特色和自然禀赋，致力于建设红色、古色、绿色资源于一体的特色小镇，丰富和拓展乡村红色关

联产业链。

（一）坚定不移聚焦红色

遂昌县王村口镇借鉴井冈山、南湖模式，深入挖掘本土的红色资源，率全市之先成立了浙西南干部培训中心，活态传承浙西南革命精神。该中心创新试行政府监管、国资控股、市场运作的模式，精心设计了“重走红军路”“夜袭白鹤尖”等10余项红色体验课程，全力营造了沉浸式的红色教学氛围。自浙西南干部培训中心成立以来，已接待来自省内外的各类培训班463批次3.19万余人次，直接经济收入近千万元。源源不断的培训学员，给小镇提供了稳定的客源。同时，王村口镇积极打造华东地区最美的百里红军古道，沿途修缮提升挺进师后方基地、上垟精神展陈馆、毛家大院、戒赌碑、张麒麟烈士纪念碑等诸多红色遗存，建设驿站、宿营地等配套设施，以此推动红色旅游向全域渗透，带动村民增收致富。

（二）文旅融合丰富古色

遂昌县王村口镇尚有百年历史的古民居20余幢，较好地保留了古镇的历史肌理和传统风貌。为了加快旅游、文创、商贸等服务业的创新发展和集聚发展，不断提升古镇能级，王村口镇打造了别具风情的“1935文旅街区”。通过统一规划，让古街从街貌、业态，乃至代金券“苏币”，重现了1935年红军挺进师进入王村口时的情景。木槿花宴、自酿的红军酒、自制的红军茶等各种承载了红色记忆的老手艺百花齐放。为了鼓励和引导本地居民、社会资本参与文化旅游街区运营管理，王村口镇还专门成立了商会，出台了文旅街区奖励扶持政策。举办了妈祖文化节、红色AR定向赛、红军古道越野赛、九龙过江舞端阳、啤酒音乐节、慈孝“快闪”等活动，展现小镇风情，丰富旅游体验。

（三）矢志不渝坚守绿色

遂昌县王村口镇抓治水、拆违、洁净乡村、小城镇环境综合整治、大棚房专项清理整治等工作。强化饮用水源地环境保护，开展“污水零直排区”“美丽河湖”创建，实施好乌溪江干流王村口段整治工程。加强秸秆焚烧、燃放烟花爆竹等大气污染源管控。持续开展美丽庭院建设，积极打造一批精品精致、最忆乡愁的美丽乡村示范村。其中，桥西村成功创建3A级景区村，石笋头村、大坑村、弓桥头村成功创建A级景区村。依托生态环境优势，王村口镇培育壮大茶叶、高山蔬菜、铁皮石斛、青钱柳、木槿花等健康农业，发展民宿经济、乡愁产业、农村电子商务，让更多的农副产品成为旅游地商品。2020年，王村口镇的农民人均纯收入已达1.69万元，同比增长了10.57%。

遂昌县王村口镇力行高质量绿色发展，通过坚定不移聚焦红色、文化旅游融合丰富古色、矢志不渝坚守绿色等典型实践，红色引擎驱动绿色发展的态势已然形成。成功创建了国家级国防教育示范基地、长三角区域旅游系统党性教育基地、浙江省爱国主义教育基地、省级红色旅游风情小镇、省级红色研学基地、省级历史文化名镇、省级小城镇环境综合整治样板镇、省委党校党员干部现场教学基地，省干部教育示范基地、省党史教育基地、省经典红色旅游景区和省直机关主题党日活动基地等。

第二节 精益运营，持续创造乡村红色资源价值

一、现实瓶颈：乡村红色资源运营管理水平有待提高

精益运营是将精益化管理理念融入企业生产管理活动中，进而实现对企业效率提升、管理风险防范及各类资源优化配置的运营模式。同样，精益运营是提升乡村红色关联产业链及其关联企业效率的重要管理手段，是乡村红色资源价值创造的核心内容。但在实践中，不少乡村红色关联企业在具体的运营过程中，存在着市场定位模糊、产品趋同、品牌价值不高等问题。调研发现，有3.88%的被调查者非常不同意“运营企业能对红色文创产品进行精准的市场定位”，有5.43%的被调查者非常不同意“运营企业注重设计文化体验感和互动性强的文创产品”，有4.65%的被调查者非常不同意“运营企业注重塑造具有区域性和时代性的红色文化品牌”。被调查者对乡村红色关联企业精益运营的认同程度，如表6-2所示。

表6-2 对乡村红色关联企业精益运营的认同程度（%）

项目	非常不同意	较不同意	一般	较同意	非常同意
精准定位	3.88	8.14	20.93	43.41	23.64
文化体验	5.43	9.30	23.64	36.82	24.81
品牌塑造	4.65	10.47	22.48	34.50	27.90

二、莲都区老竹镇：精益运营，持续创造乡村红色资源价值

深入挖掘本土特有红色资源，精准定位目标市场，塑造区域红色文化品牌，通过精益运营来实现乡村红色资源价值最大化，是丽水市红色关联企业持续创造乡村红色资源价值的重要经营战略。针对上述瓶颈，莲都区老竹镇进行了有益的探索。

（1）新陶村位于老竹镇西南部，该村大力弘扬和践行浙西南革命精神，充分发挥畲族本色优势，全力推动民族乡村振兴。美丽的环境、新鲜的蔬果、独具特色的精品民宿，以及红色氛围满满的南乡革命食堂和百亩精品荷花园，成为村集体持续增收发展的重要保障。新陶村积极发展乡村红色旅游主导产业，已成功引进浙江隐墅乡村旅游发展有限公司和丽水华宇旅游开发有限公司等企业，两家分别运营管理新屋石门隐墅民宿项目和新屋红色营地红色旅游项目，通过实施精益运营，实现了游客观光旅游和农民增收致富双重效应。

（2）新屋石门隐墅民宿项目由浙江隐墅乡村旅游发展有限公司运营管理，致力于使每个有爱国情怀、重革命精神的都市人享有美好的红色旅游时光。浙江隐墅乡村旅游发展有限公司，制订了《管家服务流程》《布草管理制度》《客房清洁标准操作流程》《铺床标准操作流程》《卫生间清洁标准操作流程》《消防安全制度》等管理规范，初步形成了现代化的精益运营模式。如下以管家服务流程为例，呈现莲都区老竹镇新屋石门隐墅民宿项目实施精益运营，持续创造乡村红色资源价值的具体做法：

第一，客人当日到店前，要求大管家进行客人确认分为接到订单后与客户进行两次电话确认。第一次确认在客户入住头一天，要求主要确认次日是否会应期入住，并问询大致到店时间，做好简单的记录，内容包括尊称、自我介绍、预订情况、天气状况、温馨提示、交

通路线、提示网络信号问题、联系不到时候备用方案等。第二次确认在客户入住当天，要求根据记录到店时间之前确认客户是否清楚路线，预计好到店接待时间，主要内容包括尊称、简要自我介绍、客人人员构成、询问到达时间等。

第二，客人入住当日。准备工作包括新入住客人到店当日，大管家协调前一日未退房的客人，并尽快整理出房间迎接新客人。客人离店后，要求大管家监督管家进行检查房间配置物品是否齐全、完好，检查电器设备、水路、电路是否正常运行，并做好记录备用。如客人未按约定时间到达，大管家可再次致电询问情况，耐心等待。客人到达约定路口，大管家主动迎接并自我介绍，安排客人车辆的停放，协助客人提拿行李。要求大管家主动迎接，自我介绍，带领客人入住过程中，适时介绍项目所在地的地理位置、风土乡情、村落状况、周边设施及环境等内容。大管家做完入住登记后，安排管家将客人带往预定民宿，一路陪同指引。管家第一次将客人带进小院，为客人开门，然后把钥匙交给客人，并对客人说明使用方法。到达客房后主动介绍房间设施、注意事项、服务项目等内容。

第三，现场管理。要求大管家在早餐后与客人沟通退房时间，大管家务必请客人协助填写“意见调查表”，投放到意见反馈信箱；安排管家在离店前提示客人整理好物品，避免遗忘；安排管家查看日常用品、配备物品的基本损坏情况；管家在客人离店时主动协助提拿行李，礼貌送别。

第四，退房管理。安排管家查看房间日常用品、配备物品是否有丢失损坏现象，做好记录认真填写“房态表”，发现问题随时向上汇报，检查水路、电路、硬件设备设施是否有故障，发现问题做好记录并及时报修，禁止出现堆压的问题和现象。安排管家在第一时间对房间进行打扫清理，严格按照打扫要求和标准执行，不得有偷懒或糊弄的行为。

第三节　协同治理，充分激发乡村红色关联企业主体创造力

一、现实瓶颈：乡村红色关联企业治理结构有待优化

激发乡村红色关联产业主体创造力核心是解决好乡村红色资源的产权问题。解决红色资源的产权问题，需加强党在战略决策中的领导作用，引导企业创新股利分配形式，有效整合村民资源，发挥企业和管理层的作用，构建更为完善的协同治理体系。但在实践中，乡村红色关联产业治理环境变得更为复杂，传统依靠政府和村委主体的治理模式，已经不能满足乡村市场经济的需求。调研发现，有5.43%的被调查者非常不同意“运营企业的产权清晰、股权结构合理”，有5.04%的被调查者非常不同意“运营企业能发挥党建在经营管理中的引领作用”，有3.88%的被调查者非常不同意“乡村振兴等政策对相关运营企业具激励作用”。被调查者对乡村红色资源企业协同治理的认同程度，如表6-3所示。

表6-3　对乡村红色资源企业协同治理的认同程度（%）

项目	非常不同意	较不同意	一般	较同意	非常同意
产权清晰	5.43	7.75	22.48	35.66	28.68
党建引领	5.04	9.30	23.64	34.11	27.91
政策激励	3.88	5.43	22.48	38.37	29.84

二、龙泉市住龙镇：协同治理，充分激发乡村红色关联企业主体创造力

以党建引领乡村振兴，推动乡村经济行稳致远，通过协同治理实现多元主体利益共享，充分激发乡村红色关联产业主体创造力，是丽水市推进乡村红色资源价值转化的一种组织创新形式。针对上述瓶颈，龙泉市住龙镇进行了有益的探索。住龙镇是素有“浙江小井冈”之称的革命老区，是浙西南革命根据地的中心区域。近年来，龙泉市住龙镇注重乡村红色资源的价值的开发与创造，将已有的住溪红军街、红色文化广场、红色记忆馆、红军学堂等红色阵地资源，用来打造全新的“红色大讲堂”，并向红星、碧龙等村延伸，形成了“全域红”的整体品牌。住龙镇因地制宜，招商引资，实施所有权与经营权分离，开发特色红色营地项目，吸引了各地党员来此开展红色教育活动，带动了相关红色产业发展。

（一）党建引领，把握战略方向

2013 年以来，龙泉市住龙镇教学基地圆满完成了 16 批次浙江省、丽水市、龙泉市中青班学员教学培训工作，先后接待了省市县乡村五级党组织 1000 余批次、8 万余名党员前来开展主题党日，接受红色教育。2019 年，在开展浙西南革命精神弘扬践行活动和“不忘初心、牢记使命”主题教育活动中，丽水市委常委会、龙泉市委常委会，先后到住龙镇住溪村、西井村和碧龙村开展“初心之行”活动，提升了住龙镇党性锻炼现场教学基地的知名度和美誉度。住龙镇强化“党委主导、政府建设、社会支持、群众参与”的共建机制，将基地建设工作作为重点基础性工程建设。提升“红色党建”示范长廊建设，不断扩大住龙镇，以“浙西南红色文化广场”为核心的红色文化党性教育

基地的外围，进一步浓厚教育基地红色氛围。自2013年成功创建省干部教育培训现场教学示范基地以来，住龙镇还先后被命名为省国防教育基地（2016年）、省妇女干部教育培训现场教学示范基地（2017年）、省中小学生研学实践基地（2018年）、省社科普及教育基地（2019年）。同时，住龙镇住溪村的红军学堂、西井村的中共浙西南特委旧址、碧龙村的龙遂县委旧址，先后被龙泉市委组织部命名为龙泉市开放式主题党日活动基地。2018年，浙江省农商银行党员红色教育基地落户住龙镇，与住龙镇开展的“党建+普惠金融”战略协议帮扶经济薄弱村的做法，获得《人民日报》点赞表扬。

（二）政府主导，落实策略行动

龙泉市住龙镇充分发挥政府的主导作用，围绕“传承浙西南革命精神，打造经典红色教育基地”的发展理念，全力打造全国红色旅游示范小镇，致力在传承历史、宣扬红色上做出积极努力。住龙镇以弘扬践行浙西南革命精神为契机，摸清中共浙江省委第一部电台遗址等红色家底32处，大力修复红色遗址11处，打造红色阵地4处，重建红军古道5条，新增添了红色雕塑群、浙西南书苑等10余处红色节点。投资273万元建成红色记忆客栈，提升红色教育和游学规模接待服务能力。住龙镇政府以“红绿融合”引导共建生态宜居的美丽城镇，统筹推进垃圾分类革命和美丽庭院建设。以“红绿融合”涵养共治和谐有序的幸福城镇，升级基层“最多跑一次”改革，弘扬新时代新风尚，让德治的春风滋润基层环境。

（三）企业运作，激发资本活力

龙泉市住龙镇注重景区运营市场化探索，在景区整体运营、旅游项目招引等方式主动出击，与杭商旅、谷堆文化、江山廿八都、驴妈妈等近十家公司开展了深入洽谈，与山水旅行社、龙城假日等本地知名旅游机构建立合作机制，分别打造了占地 11 亩、9 亩的游学基地，推出小红军游学、党建活动等旅游项目。住龙镇以强村公司、旅发公司为主体，成立了丽水浙西南文化发展有限公司，通过统筹协调各方资源，盘活河道、土地、山林、闲置房屋、人文历史等闲置、零散的无形资源，为来到住龙开展主题党日活动、党员干部教育培训、党性锻炼和红色研学的群体，提供周边服务。2018 年，住龙镇累计接待省、市、县、乡、村五级共计 1000 多批次、4.3 万余名党员，来住龙镇开展党性教育，全年接待游客总数超 20 万人次。

（四）村民参与，共享经济收益

龙泉市住龙镇借力村集体经济增收工作，以强村公司为平台，统筹各村红色资源，加盟红色旅游开发，让村民在享受浙西南革命精神的同时，坚定传承、弘扬浙西南革命精神；引导村民将普通农产品转变为旅游产品，在增加农产品收入附加值的同时，再次实现了浙西南革命精神的宣传与推广。利用红色文化、古民居、生态农业观光园等旅游资源吸引了来自四面八方的客人前来参观游玩，从而增加了村集体收入，带动村民增收。目前，小镇年接待游客近 20 万人次，营业性收入超 1200 万元，直接带动当地村民就业百余人；全镇有农家乐民宿 35 家，床位 650 多个，餐位 2000 个，其中三星级农家乐 4 家，馨园、寻水双渡两家民宿获评丽水山居精品民宿。2018 年，全镇接待游客 20 万人次，同比增长 50%；带动普通农特产品向旅游产品转型升级，实现旅游收入 1600 余万元，同比增长 46%，其中民宿（农家乐）营业收入 960 多万元，同比增长 55%。在村支部委员会与村民委员会（简称“村两委”）干部、全体党员群众的共同努力下，住龙镇集体和村民的收入不断提高。

第四节　开放协作，有效形成乡村红色资源开发新格局

一、现实瓶颈：乡村红色资源开发格局有待拓展

开放协作是提升革命老区综合效益和可持续造血能力的重要手段之一，建立区域合作联盟对于实现更大空间的资源整合，提升区域发展吸引力，具有重要作用。跨区域的联合与协作，以合作发展赢取新的竞争力，多渠道拓展红色文化区域合作，已成为促进区域间共同发展的必然要求。通过深化红色关联企业机制创新，立足政府新要求和群众高期盼，创新合作机制，不断巩固合作成果、拓宽合作领域、深化合作项目，能有效促进老区间的协同发展。通过互利共赢，致力于发挥各地优势，全力以赴打造山海协作的升级版。但在实践中，革命老区对于红色文化创意产品的开发不够重视，跨区合作不够紧密。调研发现，有 3.88%的被调查者非常不同意“当地红色资源经营主体之间有紧密的合作关系”，有 5.43%的被调查者非常不同意“地方政府注重促进红色资源的区域间合作”，有 5.81%的被调查者非常不同意“政府及运营企业注重促进红色文创产品走出去”。被调查者对乡村红色资源开发开放协作的认同程度，如表 6-4 所示。

表 6-4　对乡村红色资源开发开放协作的认同程度（%）

项目	非常不同意	较不同意	一般	较同意	非常同意
企业协作	3.88	9.30	26.35	35.66	24.81
区域联盟	5.43	6.59	18.60	32.99	36.39
对外开放	5.81	16.98	30.23	30.23	16.75

二、青田县章村乡：开放协作，有效形成乡村红色资源开发新格局

丽水市具有海外华侨的资源优势和山海协作的机制优势，为红色文化合作创造了有利条件，借势借力是推进乡村红色资源价值转化的重要手段和方式。实施跨山统筹、山海协作，构建区域联盟，广泛利用华侨资源，走开放式发展之路，为红色资源价值转化导入优质要素，是丽水市拓展乡村红色资源价值转化空间的重要措施。针对上述瓶颈，青田县章村乡进行了有益的探索。章村乡位于浙江省丽水市青田县西北部，属于浙南山区典型的地形地貌，境内红色资源也十分丰富。章村乡具有山海协作的机制优势，章村乡与宁波供排水集团等结成帮扶单位，入股平湖飞地和湖田贸易，巧借外力消除集体经济薄弱村。章村乡小碑村党支部与宁波供排水集团结成支部共建基地，章村乡与蓝绿双城集团签订了战略合作协议，为章村乡开拓红色文化消费市场提供了可持续发展的不竭动力。

章村乡是拥有历史悠久的华侨文化、遍布世界的华侨华人的革命老区，具有海外华侨的资源优势，为红色文化合作创造了有利条件。章村乡发挥海外丽水人资源，走开放式发展之路，不仅将丰富的华侨

资源引进来，还推进红色文化走出去，形成了乡村红色资源开发新格局。截至2014年6月，章村乡出国华侨约735人、侨眷约938人。章村乡依靠红色文化历史影响力和华侨资源丰富等优势，吸引海外优质资源回归，将丰富的华侨资源引进来，为红色资源价值转化导入优质要素，打造精品民宿，助力红色资源价值走向高质量转化，形成了开放融合、协作共赢的新局面，使经济快速发展，产业结构不断优化，村民经济收入明显提高。

第五节　数字赋能，加快促进乡村红色资源价值转化量质齐升

一、现实瓶颈：乡村红色关联企业大数据能力有待提升

随着数字化时代的到来，通过信息化、智能化手段传扬红色文化，发展智慧红色文化已成为一种必然趋势。智慧红色文化旨在运用互联网、物联网、云计算、大数据、人工智能等多种信息技术手段，着力打造智慧红色文化平台，对于充分利用区域红色资源、优化红色关联产业结构、迎合游客多方面需求有着重大作用。但在实践中，红色关联企业未能充分采集企业外部数据和内部数据，并利用内外部数据预测顾客需求，同时员工数据分析能力也相对低。调研发现，有3.88%的被调查者非常不同意“运营企业注重利用新科技、新媒体以传承与弘扬红色文化”，有6.59%的被调查者非常不同意“相关网络平台、在线系统具有相关数据分析功能”，有5.43%的被调查者非常不同意“相关部门及人员能科学解读与运用相关数据分析结果”。被调查者对乡村红色关联企业大数据能力的认同程度，如表6-5所示。

表 6-5　对乡村红色关联企业大数据能力的认同程度（%）

选项	非常不同意	较不同意	一般	较同意	非常同意
科技应用	3.88	3.88	29.07	36.82	26.35
功能优化	6.59	7.75	26.35	34.11	25.20
能力建设	5.43	3.88	26.36	37.98	26.35

二、松阳县大东坝镇：数字赋能，加快促进乡村红色资源价值转化量质齐升

数字化技术为乡村红色资源提供了全新的发展动力，是推动文化建设、经济发展的重要手段。构建大数据化平台，获取和分析实时信息，通过“数字活化”方式拓宽红色资源转化新空间，是丽水市适应数字经济时代，加快乡村红色资源价值转化的一大创新点。针对上述瓶颈，松阳县大东坝镇进行了有益的探索。松阳县是革命老根据，1935 年刘英和粟裕率领红军挺进师进入松阳，在大东坝成立了苏维埃人民政府。

松阳县大东坝镇积极打造本土智慧红色文化旅游平台，将镇内的外大阴村、燕田村、红色石仓美丽田园综合体等红色资源景观，在平台上展示。同时，联动松阳水南街道、枫坪乡、箬寮、安岱后红色旅游景区和玉岩革命根据地，开发挺进师之旅红色旅游精品线路，推进红色旅游资源串珠成线。在此基础上，优化旅游集散服务系统，充分融合红色文化元素，优化红色旅游配套服务。通过开发红色主题民宿、精品酒店、青年旅社等，为红色旅游配套住宿服务。通过打造一批红军主题餐厅，为游客提供吃红军餐体验。以文化创意推进红色文化与茶叶等特色农产品融合，开发红色旅游特色商品。

通过智慧红色文化旅游平台建设的定位个性化、营销精准化、

服务人性化、制定科学化、管理精细化，能提升大东坝镇红色资源管理整体水平，并能将红色文化传承与价值转化提升到一个新的高度。智慧红色平台线路导航提供创意手绘地图，共享电子地图应用，提供线路规划和导航。电子导游可选择多种语音多种语言讲解特色项目；景点打卡通过定位打卡设置，用以支持互动游戏，获取游客画像和手机定位。线路攻略为游客定制专属出行计划、推荐精品红色文创产品，各式各样的攻略一站式备齐。智能服务内设人工智能客服，对常见问题给予快速解答，生动形象地重现红色文化的来龙去脉。

第六节　本章小结

研究发现，在保护和传承乡村红色资源的基础上，通过集群创新、精益运营、协同治理、开发协作、数字赋能 5 条关键路径，能有效促进乡村红色资源的价值转化。遂昌县王村口镇通过集群创新，合力构建乡村红色关联产业链。莲都区老竹镇通过精益运营，持续创造乡村红色资源价值。龙泉市住龙镇通过协同治理，充分激发乡村红色关联企业主体创造力。青田县章村乡通过开放协作，有效形成乡村红色资源开发新格局。松阳大东坝镇通过数字赋能，加快促进乡村红色资源价值转化量质齐升。现将乡村红色资源价值转化的实践路径，归纳总结如表 6-6 所示。

表 6-6 乡村红色资源价值转化的实践路径

维度	现实瓶颈	实践路径	典型样本
产业升级	红色关联产业链短，产业配套不完善，文化融合度低	集群创新，合力构建乡村红色关联产业链	遂昌县王村口镇
经营管理	红色关联产品的顾客体验感弱，品牌美誉度低	精益运营，持续创造乡村红色资源价值	龙泉市住龙镇
治理机制	经营主体产权不够清晰，相关政策不够协同	协同治理，充分激发乡村红色关联产业主体创造力	莲都区老竹镇
区域拓展	经营主体之间合作不够紧密，对外开放程度低	开放协作，有效形成乡村红色资源开发新格局	青田县章村乡
数字转型	红色关联产业数字化平台功能有待优化	数字赋能，加快促进乡村红色资源价值转化量质齐升	松阳县大东坝镇

第七章　乡村红色资源价值转化的模式选择

红色资源是丽水市乡村振兴的核心竞争力，但各地红色资源有各自不同特色，因而各地乡村红色资源价值转化模式也存在差异。乡村红色资源价值转化应始终坚持正确的政治方向，以红色精神为底色，坚持精神弘扬优先，杜绝在价值转化过程中追求高大全。本章以遂昌县王村口镇、龙泉市住龙镇、青田县章村乡、庆元县竹口镇、青田县万山乡等的案例为分析对象，提炼出了五种乡村红色资源价值转化模式与典型特征。五种可供选择的乡村红色资源价值转化模式分别是，革命精神亮化思政教育、红色文化融合乡村旅游、红色资源对接生态农业、红色基因丰富经典文创、红色精品重塑影视演艺等。

第一节　革命精神亮化思政教育

一、遂昌县王村口镇红色资源禀赋及其价值转化潜力

遂昌县是个山区县，是浙江省 26 个加快发展县之一，是红军挺进师的重点活动区域。截至 2018 年年底，丽水市认定以革命遗址为依托的爱国主义教育基地 38 个，市级红色基因党性教育现场教学基

地 12 家，王村口镇红军挺进师革命旧址群入选浙江省党史教育基地。王村口镇位于遂昌县西南部，总面积 165 平方公里，其中，耕地面积仅有 7852 亩，山林面积却多达 23 万亩，是个典型的“九山半水半分田”的山区乡镇。王村口镇属于革命老区镇，基础设施薄弱，市场发展要素可持续性较差，长期面临资金、土地、人才等要素不足问题和发展经济的各种现实瓶颈问题。然而，王村口镇却有着丰富的红色教育资源。1935—1937 年，刘英和粟裕率领中国工农红军挺进师，在这里开展了三年艰苦卓绝的游击战争，留下了很多革命遗址和战斗故事。王村口的革命遗址包括天后宫、宏济桥、蔡相庙、中国工农红军挺进师师部旧址、月光山公园、白鹤尖红军纪念亭等。早在 20 世纪 80 年代粟裕将军过世的时候，王村口镇人民强烈要求把粟裕将军的骨灰留在王村口，可见王村口人民对粟裕很了解而且非常有感情。1942 年的时候，美军轰炸日本本土以后，当时有两架战斗机掉到了遂昌县王村口镇境内，遂昌县人民就把美军救起来了，这个故事蕴含着一种向往和平的基因。

二、革命精神亮化思政教育：来自遂昌县王村口镇的实践探索

革命精神影响力是红色资源价值转化的核心竞争力，教育价值是红色资源最基本价值。调研发现，一些地方的红色思政教育活动较为局限于讲解员对红色资源、红色文化的讲解和说明，还存在重形式轻内涵、教育方式体验性不够和教育效果不显著等问题。针对这些问题，遂昌县王村口镇深入挖掘本土红色资源，活态传承浙西南革命精神，积极探索革命精神活化思政教育模式。王村口镇已被列为浙江省爱国主义教育基地和党史教育基地，2019 年，王村口镇接待来自浙江省内外各类培训班 714 个，46467 人次，直接经济收入超 1000 万

元。浙西南革命精神内容博大精深，既与中国革命精神气息相通、一脉相承，又与浙西南特殊的地理条件和人文底蕴充分结合，体现出地方特色。依靠群众、同甘共苦是浙西南革命精神的鲜明底色，在浙西南革命斗争中，革命先辈们淋漓尽致地展现了共产党人矢志不渝的政治信仰、坚如磐石的政治信念、舍身忘我的政治担当、对党绝对服从的政治品格。红军挺进师结合浙西南地区自然条件和革命斗争实际情况，化整为零，从正规军到游击队，从正规战到游击战，创新性提出和运用了“敌进我进”方针，取得了智取王村口镇等经典战例，丰富和发展了毛泽东同志游击战争战略战术思想。

遂昌县王村口镇的红色思政教育运营主体是浙西南干部培训中心。浙西南干部培训中参照井冈山的干部培训模式，实行“红色+教育”的思政教育培训模式，包括红色课堂讲授、红色体验传承、红色行军拉练和红色拓展训练等项目。浙西南干部培训中心成立之初，就定位了培训层次多样化、课程设计人性化、教师队伍多元化、运作模式市场化四大办学特色。培训活动讲求严肃、红色、自律，主要面向浙江省内乃至全国党员干部、事业单位、行政机关的公务人员来此参加培训。在师资方面，来此任教的老师基本上都是省内高校的教授和省委党校的老师。在教学法方面，有室内教学和室外教学两类。在室内主要是进行红色革命理论教学，室外则是主要是借鉴井冈山模式，依托一些典型的红色点位开展现场教学，依托保存完好的红色旧址群和红色革命遗迹，组织党员干部们参观体悟，开展体验式教学。浙西南干部培训中精心设计了重走红军路、夜袭白鹤尖等10余项红色体验课程，全力营造了沉浸式红色教育氛围，让党员干部们领悟革命精神，用精神来武装干部队伍，探索出了一条干部培训的特色新路子。如今，身着红军装、斜挎绿军包，穿梭于古镇大街小巷的培训学员，已然成为王村口镇的一道靓丽风景线。

遂昌县王村口镇依托良好的红色资源，积极与省市内的中小学校、教育机构、机关事业单位，以及各类组织机构合作。一方面，加强中小学教师浙西南革命精神教育培训，坚持课堂主阵地，深入挖掘红色故事，将红色故事与历史和文学作品相结合，把革命故事编写在课外教材和阅读书目里，重视教育革命精神相关教材编写和课程体系设计。同时，突出乡土化和本土化，编制标准化、特色化教材，结合自身资源，推出一系列革命故事、经典人物、典型事例等读本，全面推进党史教育进中小学课堂，开发特色体验式现场教学活动，着力培养“学党史、知党情、跟党走”的新一代。另一方面，将浙西南革命精神学习纳入中小学德育体系，建设红色教育示范学校，鼓励这类中小学校，结合中小学生研学特点，创新设计红色教育课程，开展红色教育社团活动，组织安排红色研学实践活动。同时，将红色教育与户外拓展、休闲旅游结合，开发多个具有吸引力的体验性项目来丰富教育内容，带动浙西南革命精神弘扬践行活动在中小学的全面开展。使学生们通过课堂学习了解到革命烈士的光荣事迹，通过实践考察体会老一辈革命者的爱国主义情怀，使红色革命精神和伟大爱国主义精神深深刻在新一代的在基因和血脉里。

遂昌县王村口镇还努力在高校推行教师浙西南革命精神教育培训，坚持课堂主阵地，带动浙西南革命精神弘扬践行活动在高等院校的全面开展，提倡将浙西南革命精神纳入浙江高校思想政治教育体系，开设“浙西南革命精神”通识必修或选修课程，开展“浙西南革命精神”研究社团建设，组织举办论坛交流活动。王村口镇与丽水学院、丽水职业技术学院建立战略合作，在思想政治理论课教育、革命精神研究、专业人才培养等方面开展深入交流合作。近两年旅游参观人数日益增加，很多外来游客也对红色思政教育感兴趣，王村口镇利用自己优势资源，形成多条针对不同人群的特色红色旅游线路，比如有针对中老年的红色革命主题线路、针对青少年的红色军训主题线路、针对公司的工会活动主题线路，针对中小学的班级团建主题线路等，使游客在体验别样红色风情的同时，感受到顽强拼搏、自强不息的革命精神，也得到了自身思想觉悟的提升。

三、模式特征

遂昌县王村口镇以浙西南干部培训中心为运营主体，突出红色资源感染人、影响人、教育人的强大精神力量，积极探索革命精神亮化思政教育模式。典型做法包括，优化红色教育体系，突出红色资源在党性教育、爱国主义教育、廉政教育、品德教育等方面的价值转化，该模式的特征有：一是深度挖掘本土红色素材和案例，把本土革命故事、红色素材和案例编写在教材和阅读书目里，推出本土革命故事、经典人物、典型事例等读本。二是精心设计沉浸式红色体验课程，使学员对红色资源产生感性认识和情感共鸣，真切体会到红色资源承载的革命精神和革命情怀。三是提高教师队伍的专业素质、研究素质和实践教化能力，利用红色资源创设教育情境，调动学生的积极性、主动性，达到知行合一的效果。除了遂昌县王村口镇以外，莲都区岩泉街道、松阳县大东坝镇、云和县石塘镇等红色乡镇，也都在积极探索革命精神亮化思政教育模式。

第二节 红色文化融合乡村旅游

一、龙泉市住龙镇红色资源禀赋及其价值转化潜力

住龙镇位于龙泉市西北边陲，乌溪江上游，西连福建省浦城县，北倚遂昌县。住龙镇是革命老区，拥有丰厚的人文资源，至今留存大

量红色革命文化遗迹。1935 年刘英和粟裕等革命前辈率部在此战斗，是浙西南革命根据地的中心区域，素有“浙江小井冈”之称。住龙镇创造了四个第一：住溪村曾是浙西南第一个县级苏维埃政府——龙浦县苏维埃政府所在地，省委第一部电台安装在住龙镇，中共处属特委第一次党员代表会议在住龙镇召开，中共处属特委第一、二、三次基层干部培训班在住龙镇举办。住龙镇也是生态重镇，山为浙南林海，水为钱江之源，自然资源、生态资源和乡村旅游资源非常丰富。住龙镇山高涧深，林木茂盛，风光秀丽，有林地 38 万亩，其中生态公益林 19 万亩，森林覆盖率达 93.7%。负氧离子浓度高，空气质量优良天数占 90%以上。

二、红色文化融合乡村旅游：来自龙泉市住龙镇的实践探索

文化与旅游的深度融合是旅游发展的必然趋势。调研发现，当前不少乡村的旅游大多停留在简单景点观赏层次，对旅游景点的文化内涵挖掘还不够深入，旅游产品体验性不强，文化与旅游融合度不深。针对这些问题，龙泉市住龙镇以乡村振兴为导向，基于文化与旅游深度融合的发展理念，突出游客需求全面性，将各具特色的红色文化、乡村旅游和古色旅游资源串点成线，联动开发，强化红绿融合的旅游线路打造，积极探索红色文化资源融合乡村旅游模式。住龙镇通过融合“重走红军路”“吃红军餐”等活动内容，推出“一厅两街三课”和“六个一”的红色教育套餐，配套“特色产业发展”“乡风文明培育”“生态文明建设”等特色课程，以混合包装，特色制定满足不同团体培训需求的课程套餐，实现红色资源与绿色资源等特色资源融合发展、高效利用。其中，一厅即红色展厅，两街即红军街和红军路，三课包括党校老师上党课、老支书讲革命史、村干部讲鱼水情，六个一是指听一次党课、看一次革命史、重走一次红军路、重温一次入党

誓词、吃一餐红军饭、学一首红歌。

龙泉市住龙镇以国家4A级景区、省5A级景区镇、省级旅游风情小镇创建为载体，持续加强“红绿山水、淳美住龙”品牌推介力度，丰富旅游发展层次和内涵，将红色文化注入乡村旅游，发展红色文化游、山水生态游、农旅融合游、健康养生游等全域旅游业态。推进红绿融合旅游营销一体化，将红色旅游纳入智慧旅游推广体系，实现联合推介。注重景区运营市场化探索，在景区整体运营、旅游项目招引等方式主动出击，与杭商旅、谷堆文化、江山廿八都、驴妈妈等近10家公司开展了深入洽谈。挖掘、引进更多具有黏合度的旅游服务项目和内容，丰富农家乐、民宿及其他旅游服务业态。新成立浙西南文化发展有限公司，加快研学课程开发，结合红色文化挖掘、生物多样性本底调查成果运用等，使红色资源与绿色资源在研学旅游上形成先行先试新成果。2019年累计接待游客超20万人次，旅游总收入超1200万元，直接带动当地村民就业百余人。

三、模式特征与推广条件

龙泉市住龙镇以浙西南文化发展有限公司为运营主体，推进红色资源价值多渠道、多方式向绿色发展的动能转变，积极探索红色文化融合乡村旅游模式，提升革命老区内生发展能力。典型做法包括，基于文化与旅游融合发展理念，将各具特色的红色文化、乡村旅游和古色旅游资源串点成线，突出游客需求全面性。同时，挖掘浙西南革命精神市场，深入发展红色文化游、山水生态游、农旅融合游、健康养生游等全域旅游业态。该模式的特征有以下几种：

第一，提升红色文化体验。对不同地区独特的红色资源禀赋进行合理开发，打破红色旅游同质化现象，融入新的红色旅游因素，向游客讲述地方红色文化故事、展现独特革命精神魅力，增强游客对红色文化的体验感。

第二，丰富农家乐、民宿等乡村旅游服务业态，依托当地的自然环境和农副产品，从旅游的吃住行游购娱六要素全面考虑，完善当地的餐饮、住宿等设施，全面优化红色旅游配套服务。

第三，促进红色文化与乡村旅游深度融合。推动乡村资源融合发展，拓展红色资源与绿色资源融合发展体系，打造红色文化与乡村旅游融合发展的产业综合体。除了龙泉市住龙镇以外，莲都区老竹镇、松阳县安民乡、庆元县百山祖镇等红色乡镇，也都在积极探索红色文化融合乡村旅游模式。

第三节　红色资源对接生态农业

一、青田县章村乡红色资源禀赋及其价值转化潜力

章村乡位于青田县西北部，西南面与丽水莲都区交界，总面积109平方公里，耕地面积7103亩，是著名的浙江省革命老区乡和国家级生态乡镇。青田县章村乡是曾经的江南区委政府所在地，至今仍保留着完整的政府大院。利用革命老区的优势，重点打造中国江南区委遗址、红色展馆等项目，不断丰富红色旅游资源，打响章村的红色旅游品牌。章村乡着力把红色文化与绿色生态发展、生态休闲游紧密结合，挖掘“革命、生态、乡愁”三种文化元素，将生态环境与红色旅游巧妙融合，让村民受益，助推乡村振兴。章村乡素有浙南油库美誉，油茶种植面积4.95万亩，毛竹面积3万多亩境内群山环保，山峦叠翠，其中八面湖主峰1389米，为青田县第一高峰。章村乡依托自然资源，发展油茶、茶叶和特色种养业等生态农业，把油茶产业作

为经济发展的特色优势产业来抓。

二、红色资源对接生态农业：来自青田县章村乡的实践探索

通过产业间的跨领域对接整合，构建一体化的产业链是区域产业发展的重要路径。调研发现，不少地方的产业链存在“短链”“断链”和“低链”等问题，导致区域产业间很难形成协同效应。针对这些问题，青田县章村乡以杨梅、油茶等特色农业为依托，以红色文化为内涵，积极探索红色资源对接生态农业模式。章村乡推动的经营模式的发展，促进油茶生产、加工、市场的有机结合。其中，“茶籽饼深加工技术开发”被列为国家星火计划，加工水平居全国之首，产品多次参加全国、浙江省农产品博览会并获奖。瓯江源牌山茶油和茶籽饼等产品质量上乘，被授予浙江省首批森林食品称号，远销日本、韩国等东亚国家和泰国等东南亚国家。

青田县章村乡积极建设集党性教育和红色扶贫于一体的农业产业园。建立红色农业指导员队伍，建立企事业机关党组织与红色村镇共建产业园机制，将红色文化元素融入农产品包装，打造具有鲜明红色文化内涵的创意红色农产品。同时，在红色景区布局农产品展销点，促进生态农业与红色文化深度融合。在丽水山耕生态精品农产品电子商务平台，设置红色农产品板块，创新网络直播销售等新模式，打通红色农产品线上销售渠道。在红色旅游景区景点，布局红色农产品展销点，将红色农产品纳入红色旅游、红色教育介绍的重要内容，推进红色农产品向旅游商品转变。

三、模式特征与推广条件

青田县章村乡以黄山头油茶发展公司为运营主体，依托自然资

源，发展油茶、茶叶和特色种养业等生态农业，将红色文化元素融入农产品包装，在红色景区布局农产品展销点，促进生态农业与红色文化深度融合。该模式的特征有以下几种：

第一，保护较好的绿色生态环境和富有区域特色的优势农产品，坚守生态农业优势，以生态循环经济为先导、红色文化传承为特色，建设以农业观光、农事体验、农业科普为一体的服务型农业项目。

第二，推进红绿产业融合的业态创新，深入挖掘红色文化，创新文化体验、文化创意，创新开发具有鲜明红色文化特色的绿色产品。

第三，打造区域红绿融合整体品牌，突出区域红色经典文化，融合个性、体验、时尚等理念，形成红绿融合的巧妙构念，利用特色品牌推动区域经济增长。除了青田县章村乡以外，景宁县梅岐乡、松阳县安民乡、缙云县三溪乡等红色乡镇，也都在积极探索红色资源对接生态农业模式。

第四节　红色基因丰富经典文创

一、庆元县竹口镇红色资源禀赋及其价值转化潜力

竹口镇位于庆元县西北部，是一块拥有“红色文化”的红土地，至今仍保存着红军桥、战壕、竹口战斗纪念碑、红军亭、许氏宗祠、战地医院等革命遗迹。1934 年，中国工农红军北上抗日先遣队在竹口镇，与国民党浙江省保安纵队第三团、丽水保安警察大队、庆元县保卫团展开激战，先遣队以较小的伤亡代价，取得战斗的胜利，史称

“竹口战斗”。竹口战斗是红军先遣队自瑞金出发以来最成功的一个战例。中央机关报《红色中华》于 1934 年 9 月 4 日报道了这次战斗，竹口战斗被载入史册。丽水市庆元县的铅笔、云和县的木玩和龙泉市的青瓷等地的产业集群颇具特色，形成了一批以经典文创为重点的特色小镇。竹口镇庆铅笔产业是庆元县铅笔产业集群的重要组成部分，竹口镇被誉为“中国铅笔第一镇”。竹口镇的铅笔产业起步于 20 世纪 70 年代，构建铅笔、笔芯、橡皮头、软化板、印刷包装等完整产业链，形成了享誉全国的特色鲜明的铅笔文化产业。

二、红色基因丰富经典文创：来自庆元县竹口镇的实践探索

庆元县竹口镇依托独特的铅笔产业和丰富的红色资源，深入挖掘本土红色文化内涵，开发红色铅笔文化创意产品，推进红色文化与经典文化创意融合，积极探索红色基因丰富经典文创模式，使得其铅笔文化创意品牌知名度越来越高。在独特的铅笔文化资源和丰富红色文化资源的支撑下，竹口镇努力实施文化资源的产业化创新创意开发，以文化创意架起红色文化与绿色产业之间的桥梁，将红色文化与铅笔文化融合。开发红色铅笔文化创意产品，发展文化用品制造、文化创意和设计服务、文化休闲娱乐等主要产业门类，形成了以红色旅游，红色文化创意为发展重点的红色小镇，发展新产品、新业态，激发新活力，丰富高质量绿色发展的内涵。

（一）打造铅笔文化创意区

红色文化与“铅笔”文化相结合，提炼“铅笔小子”“红军铅笔”等竹口镇特色 IP 形象。以铅笔卡通形象和红军铅笔为主要元素，设计体现红色文化内涵、符合现代审美的产品，打造铅笔文化创意区。创意区的多项创意体验活动，让参观者亲身动手参与铅笔包装的

创意设计，个性化的将红色元素融入铅笔的包装设计之中，印制红色故事，红色名言等，体验铅笔包装创意设计过程，增强红色文化趣味性与吸引力，激发文化创作热情。

（二）实现文化创意成果转化

庆元县竹口镇创办专业研发中心，积极吸纳优秀人才充实到文化创意产品研发队伍之中。通过举办专业性研讨、红色文化创意设计人才培训班等方式，不断提高红色文化创意从业人员的专业素养。引进专业性人才，推动设计大师、艺术大家进入红色文化创意领域，以大师的精品佳作带动行业整体设计开发水平的提升，注重产品创意设计，丰富产品内容，实现文化创意成果转化。

（三）促进红色文化创意产品营销推广

构建在线文化创意电子商务平台，借助新兴网络自媒体和短视频平台，对庆元铅笔衍生类文化创意产品进行推广宣传，加强数字技术在红色文化创意领域的运用，借助 VR 全息投影技术搭建网上展示平台，拓宽红色文化创意铅笔销售渠道。创新推进特色文化创意产业的协同联动，将庆元县铅笔与龙泉市宝剑、龙泉市青瓷、青田县石雕、云和县木玩、缙云县文教用品、莲都区油画等经典文化创意产业融合，实现相互促进、合作共赢。

三、模式特征与推广条件

庆元县竹口镇以浙江鸿星文具有限公司为运营主体，将红色元素融入铅笔的包装设计中，设计生产一系列体现红色文化内涵、符合现代审美、具有实用价值的红色文化创意产品。该模式的特征有以下几种：

第一，传承本土红色文化基因，对红色文化内涵进行深入挖掘，进一步发展文化的多元性，推陈出新，塑造具有当地个性与创意性的文化创意产品，扩大地域红色文化影响力。

第二，深化经典产业文化内涵，提取独特的红色元素进行设计，提高文化创意产品的使用功能与审美功能，增强自身的实用性和创意性，满足消费者的文化消费需求。

第三，促进红色资源与特色产业资源的整合提升，营造更好的红色文化氛围，强化产业融合，加强红色资源与教育、农业、旅游等其他资源的全面联动发展。除了庆元县的竹口镇，龙泉市的住龙镇、莲都区岩泉街道、云和县的安溪畲族乡、缙云县的五云街道等地区，也都在积极探索红色基因丰富经典文化创意模式。

第五节　红色精品重塑影视演艺

一、青田县万山乡红色资源禀赋及其价值转化潜力

万山乡位于青田、永嘉、缙云三县交界处，距青田县城40千米。万山乡是著名的革命老区乡，其革命斗争贯穿土地革命、抗日战争、解放战争三个时期。境内革命遗址丰富，拥有藏枪树、地上交通总站、兵工厂等10余处革命遗址。早在红军年代，就是可靠的革命堡垒，并逐步发展成为永嘉、青田、缙云、瓯江等县以北广大地区的革命中心，是中国共产党在丽水市境内最早建立地方组织和编入红军队伍的地区之一，也是“浙西南刘胡兰”潘香凤烈士的故乡。自1928年冬革命火种在万山点燃以来，面对敌我势力悬殊的艰险环境，万山地区的革命斗争从未间断，先后参加攻打处州府城丽水、抗日护矿斗

争、解放青田等大大小小几十次战斗，为青田革命胜利做出了重要贡献。1986 年，万山乡被丽水地区民政局确定为第二次国内革命战争时期的老区乡。

二、红色精品亮化影视演艺：来自青田县万山乡的实践探索

红色精品亮化影视演艺模式是在突破传统的红色影视演艺发展的路径依赖的基础上，挖掘更丰富的红色影视旅游题材，探索更多元的红色影视演艺形式，打造影视演艺精品，从而达成更好的红色影视演艺效果。红色影视演艺具有独特的政治魅力与艺术魅力，在鼓舞人民追忆历史、向往未来和追逐伟大中国梦的过程中，发挥了积极的正能量作用。

红色影视演艺源于红色歌曲，一些扎根地方、以当地地方历史人物故事为题材的红色歌曲正悄然兴起。其中，青田县万山乡以万山历史故事为题材，编写了红色歌曲《万山红》。红色歌曲的内容依赖于歌词，《万山红》的歌词中写道“打开红色的记忆，拂去岁月的尘埃。多少峥嵘浮眼前，枪林弹雨入梦来。千年古柏，豪情犹在，打江山的战场上有咱爷爷那一辈。千年古柏，豪情犹在，为了今天的万山红，啊，朋友，请你喝一杯。请你喝一杯”。《万山红》以拟人的手法将革命烈士比作千年古柏，歌颂了共产党领导下的革命烈士披荆斩棘、浴血奋斗的优良传统和敢为人先、自我牺牲的革命风范。歌词激扬向上，表达了革命战士勇于拼搏的豪迈气概和满腔激情，听起来让人身心激荡、热血沸腾。歌词催人奋进，具有极强的艺术感染力，蕴含着强大的精神力量，深深影响和激励着歌曲传唱者。

然而，红色歌曲仅仅是一种影视演艺发展的初级形式，其表现效果十分有限。有必要挖掘出精彩又极具教育意义的革命故事，形

成更丰富的影视演艺题材，探索更多元的影视演艺形式，达成更好的影视演艺效果。红色影视演艺有着强大的生命力，只有紧跟时代，不断地创新，才能保持其旺盛的生命力。有必要探索更多元的红色影视演艺形式，打造影视演艺精品，创造出更多新颖的文化艺术节目。

第一，有必要挖掘更丰富的影视演艺题材。进一步对红色文化资源的挖掘利用，将精彩又极具教育意义的革命故事挖掘出来，丰富红色影视演艺作品的歌词、剧本、视频等题材。挖掘更丰富、更具有历史见证价值的影视题材，不再以音乐的面貌呈现给人民群众，而是将音乐同其他艺术有机结合，并利用不断发展的媒介进行传播。

第二，有必要探索更多元的影视演艺形式。万山乡应积极顺应时代发展要求，积极配合视觉元素，鼓励红色歌曲与红色戏剧影视演艺活动结合。如将《万山红》与影视作品等其他视觉要素相结合，借助《挺进浙西南》《难忘浙南》等系列专题片、纪录片、微视频，以立体式、全媒体传播体系，探索更多元的影视演艺形，使红色歌曲与影视演艺活动相辅相成。

第三，有必要达成更好的影视演艺效果。旅游演艺项目要想达到更好的影视演艺效果，除了在题材和形式上的创新深化之外，吸引更多的投资和高效合理的营销也是旅游演艺产业长期发展的关键因素。例如，充分利用多媒体形式宣传红色影视演艺活动，借助目前新媒体手段进行传播，达到更好的影视演艺效果。

三、模式特征与推广条件

红色精品亮化影视演艺模式是在突破传统的红色影视演艺发展的路径依赖的基础上，挖掘更丰富的红色影视旅游题材，探索更多元的红色影视演艺形式，打造影视演艺精品，从而达成更好的红色影视演艺效果。该模式的特征有以下几种：

第一，广泛挖掘影视演艺题材，关注大众需求和审美，推动红色文化融合发展的地方戏曲、民间艺术等，赋予革命前辈留下的革命精神、革命故事以新的时代内涵和表现形式，开发出特色的红色影视演艺作品。

第二，针对性地筛选符合大众审美和思想的红色影视资源，以生动活泼的呈现方式，塑造出个性鲜明、喜闻乐见的影视人物，通过音画、灯光、舞美、特效等不同方式全方位诠释革命年代的残酷和激情，突出表现热血青年们的理想、责任、梦想和追求，增强影视演艺作品吸引力和感染力。

第三，形成立体式全媒体传播体系，实现一次采集、多种生成、全媒体发布、立体式传播，整合创新全媒体传播渠道、内容管理，强化全媒体平台内外联动的资源和技术，不断提升媒体的传播力和影响力，形成文字、图片、漫画、音视频叠加的宣传效果，从而不断传承红色基因，弘扬浙西南革命精神。除了青田县万山乡，遂昌县湖山乡、龙泉市岩樟乡、云和县安溪畲族乡、景宁县梅岐乡等红色乡镇，也可以尝试探索红色精品亮化影视演艺模式。

第六节　本章小结

本章基于遂昌县王村口镇、龙泉市住龙镇、青田县章村乡、庆元县竹口镇、青田县万山乡的典型案例分析，提炼出 5 种乡村红色资源价值转化的做法及其模式特征，如表 7-1 所示。

表 7-1　乡村红色资源价值转化模式

模式类型	模式特征	典型案例
革命精神亮化思政教育模式	深度挖掘本土红色素材和案例 精心设计沉浸式红色体验课程 提高教师队伍的专业和实践能力	遂昌县王村口镇
红色文化融合乡村旅游模式	提升红色文化体验 丰富乡村旅游服务业态 促进红色文化与乡村旅游深度融合	龙泉市住龙镇
红色资源对接生态农业模式	坚守生态（绿色）农业优势 推进红绿产业业态创新 打造区域红绿融合整体品牌	青田县章村乡
红色基因丰富经典文创模式	传承本土红色文化基因 深化经典产业文化内涵 促进红色资源与特色产业整合提升	庆元县竹口镇
红色精品重塑影视演艺模式	广泛挖掘影视演艺题材 增强影视演艺作品吸引力和感染力 形成立体式全媒体传播体系	青田县万山乡

①遂昌县王村口镇模式的特征是深度挖掘本土红色素材和案例；②精心设计沉浸式红色体验课程；③提高教师队伍的专业素质和实践能力。

龙泉市住龙镇模式的特征是：①提升红色文化体验；②丰富农家乐、民宿等乡村旅游服务业态；③促进红色文化与乡村旅游深度融合。

青田县章村乡以黄山头油茶发展公司为运营主体，以特色农业为依托，以红色文化为内涵，积极探索红色资源对接生态农业模式。章村乡依托自然资源，发展油茶、茶叶和特色种养业等生态农业，将红色文化元素融入农产品包装，在红色景区布局农产品展销点，促进生态农业与红色文化深度融合。该模式的特征是：①坚守生态农业优势；②推进红色资源对接生态农业的业态创新；③打造区域红绿融合整体品牌。

庆元县竹口镇以浙江鸿星文具有限公司为运营主体，依托独特的铅笔产业和丰富的红色资源，开发红色铅笔文化创意产品，积极探索红色基因丰富经典文创模式，使得其铅笔文化创意品牌知名度越来越高。竹口镇将红色文化与铅笔文化相融合，开发红色铅笔文化创意产品，将红色元素融入铅笔的包装设计中，设计一批体现红色文化内涵、符合现代审美、具有实用价值的红色文化创意产品。该模式的特征是：①传承本土红色文化基因；②深化经典产业文化内涵；③促进红色资源与特色产业资源的整合提升。

青田县万山乡编写了红色歌曲《万山红》，歌颂了共产党领导下的万山革命烈士披荆斩棘、浴血奋斗、自我牺牲的革命风范。然而，红色歌曲仅仅是一种影视演艺发展的初级形式，其表现效果十分有限。红色精品亮化影视演艺模式是在突破传统的红色资源利用的路径依赖的基础上，挖掘更丰富的红色文化内涵，探索更多元的红色影视演艺形式，打造影视演艺精品，从而达成更好的红色影视演艺效果。该模式的特征是：①广泛挖掘影视演艺题材；②增强影视演艺作品吸引力和感染力；③形成立体式全媒体传播体系。

第八章　电子商务赋能乡村振兴的实践探索

全面建设小康社会和社会主义现代化强国，最艰巨和最繁重的任务在乡村，最强劲和最巨大的潜力也在乡村（张高军和易小力，2019）。为此，十九大报告提出了乡村振兴战略。电子商务为乡村振兴提供了多元创新要素，成为促进乡村振兴的重要引擎（张婷婷，2018）。乡村电子商务是以乡村为基础，融合现代信息技术与新型商业模式，通过电子方式进行货物和服务的生产、销售、交易和传递的一种乡村经济发展方式（覃梓，2019）。发展乡村电子商务，是进一步破解“三农”发展瓶颈、实施乡村振兴的战略选择。

浙江省2014年率先实施了“电子商务进万村”工程，现已成为全国乡村电子商务最为活跃和最具特色的省份。浙江省通过发展乡村电子商务，促进农民电子商务创业、乡村流通现代化和农业增效，为乡村振兴提供了一条可行路径。基于此，本章以乡村振兴为研究的出发点，以浙江省遂昌、奉化、桐乡、义乌、桐庐和苍南6个县市为调研对象，采用问卷调查、实地访谈等方式获取第一手数据，研究电子商务赋能乡村振兴的实践路径及政策启示。

第一节　电子商务赋能乡村振兴的浙江探索

本章在综合考虑浙江省入围“中国电商百佳县”的发展水平、地理位置及产业特色等因素后，选取杭州市桐庐、宁波市奉化、温州市苍南、嘉兴市桐乡、金华市义乌、丽水市遂昌 6 个县市作为实践调研的样本区域。这 6 个县市电子商务的综合发展水平都较高，对乡村的辐射带动作用较为明显，样本选取具有代表性。本次调研针对当地农民、企业和村镇干部，共发放问卷 1768 份，有效回收 1531 份。分析结果表明，浙江省探索出了一条以促进农民电子商务创业和特色农业电子商务为主要内容，以完善乡村电子商务产业生态及电子商务制度支持为动力，进而促进乡村振兴的经验模式。

一、以人为本，引导农民电子商务创业

在信息网络技术迅猛发展的新时代，“大众创业，万众创新”已成为全社会的普遍共识。调研发现，有 28. 9%的受访农民工没有返乡创业意愿或返乡创业意愿较弱，有 70. 0%的受访农民缺乏对电子商务的理性认知，甚至仅将互联网用于生活娱乐，有 51. 3%的电子商务创业者的文化程度尚在高中及以下。同时，有 79. 1%的受访企业认为缺乏电商运营推广人才，有 60. 4%的受访企业认为缺乏电商美工设计人才。农民电子商务创业意愿和能力的不足，乡村电子商务人才缺乏，已成为乡村电子商务发展的障碍。

乡村振兴背景下的以人为本就是以农民为本。为此，浙江省基于充裕的乡村资源，以及电子商务创业成本低和门槛低的特点，着力引导农民电子商务创业。遂昌县设立了农村电子商务创业培训基地和网店创业培训班，奉化区实施了电子商务万人普及计划，桐乡市实施了农村电子商务创业带头人培育方案，桐庐县实施了电子商务创业技能培训计划，义乌市创立了电子商务人际交流平台，苍南县则建立了培养农民电子商务人才的校企合作机制。通过上述实践，营造出了良好的乡村电子商务创业氛围，提高了农民电子商务创新创业能力，促进

了农民电子商务创业。调研发现，65.1%的受访农民认为，依托电子商务促进乡村振兴和乡村经济发展是非常可行或可行的。

二、集聚发展，推进特色农产品电子商务发展

在信息技术和数字经济迅猛发展的新形势下，应用电子商务将农村农业小生产和城市商贸大市场链接起来，有助于实现农产品的价值链整合及质量追溯（童云，2018）。调研发现，农村绿色有机农产品仍难以到达城市消费者，存在农产品滞销的问题。其原因在于农产品产业链及质量追溯系统尚不完善，导致农产品供应商不了解城市需求，而需求商和消费者却难以追溯农产品质量，影响了农产品的整体运营效率和效果。

乡村电子商务不能再一味追求规模和数量的扩张，而应转向质的提升。为此，浙江省以电子商务进万村工程为抓手，借鉴城市成熟的电子商务模式，不断促进乡村优势产业的集聚发展与品牌化发展。并将外部第三方电子商务运营平台的引入，与乡村电子商务集聚区的建设相结合，不断加强乡村优秀农业龙头企业与城市大型电子商务平台的合作共赢。遂昌县建设了农产品电子商务产业园，奉化积极打造特色农业综合物流基地，桐乡市对农产品电子商务集聚发展提供政策支持，桐庐县建设了特色农业电子商务企业集聚区，义乌市依托展业市场形成了农产品跨境电子商务集聚区，苍南县成功打造了农业电子商务创业园。通过上述实践，电子商务不断渗透到农产品领域，农产品电子商务应用水平不断提高，形成了以农业龙头企业带动的特色鲜明、效益明显的农产品电子商务发展格局，有力地支撑了农业供给侧结构性改革。

三、示范带动，强化乡村电子商务产业生态系统建设

乡村电子商务的快速发展，有赖于完善的乡村电子商务产业配套体系的支撑。调研表明，有43.0%的受访者认为乡村信息化水平尚不足以适应电子商务发展的需要，有33.5%的受访者认为乡村电子商务缺乏安全可靠的交易机制，有53.9%的受访者认为乡村物流配送体系不健全。不少受访农民认为，乡村存在邮费贵的问题，部分偏远乡村仍存在物流“最后一公里”的问题。而且，乡村地区使用互联网金融的用户主要是80后和90后，但其经济实力却相对较弱。这意味着，乡村电子商务产业配套体系有待进一步完善。

为此，浙江省积极在乡村开展网络经济示范工程，发挥乡村电子商务示范基地、示范企业和带头人的标杆示范作用，以此强化乡村电子商务产业生态系统建设。调研发现，55.6%的被调研者认为当地的网上银行发展快速，62.9%的被调研者认为当地的网络基础设施能满足电子商务发展的需要。为此，遂昌县和桐乡市积极建设基于互联网的多元化投融资体系，奉化区大力引进电子商务优秀领军人才及高端运营商，桐庐县、义乌市和苍南县则分别形成了以民营物流业为驱动、依托专业市场和制造业转型拉动的乡村电子商务产业生态系统建设模式。通过上述实践，突破了农村物流与金融网点、农村信息化水平的制约，有效地促进了县域经济转型升级和乡村振兴。

四、政府主导，加强乡村电子商务发展的制度及政策服务平台建设

制度支撑与政策支持是乡村电子商务发展的外在驱动因素。调研发现，浙江省现有的乡村电子商务战略规划、公共服务体系、制度及

政策支持体系的效用尚未完全发挥。在战略规划和公共服务方面，24.0%的受访者认为当地政府的乡村电子商务战略规划尚不健全，23.9%的受访农民认为公共服务是制约乡村电子商务创业的主要因素。在政策支持方面，59.7%的受访者希望当地政府加大乡村电子商务发展的税收减免和财政支持等政策的支持力度，55.2%的受访者认为急需当地政府提供乡村电子商务技术培训等人才配套政策的支持。

乡村电子商务的发展应以市场为主体，但仍离不开政府的主导及政策的支持。浙江省各县市积极贯彻上级电子商务发展政策法规，并制订了具体细化的加快乡村电子商务发展的政策措施、实施意见及工作方案，在财税、投融资、土地、人才、外贸、市场准入和发展环境等方面给予了配套支持。其中，遂昌县创立了乡村电子商务公共服务平台的“赶街”模式，奉化区积极打造宁南综合性物流基地，桐乡市和苍南县努力打造金融创新平台及金融生态圈等。调研发现，50.7%的受访农民认为乡村已有保障电子商务发展的法律法规。浙江省在推动乡村信息化、培育乡村电子商务龙头企业、鼓励农民电子商务创业和建设乡村电子商务生态系统等方面，展示出强大的宏观规划和引导作用。

第二节　电子商务赋能乡村振兴的经验模式

一、模式的总体思路

乡村振兴面临乡村空心化、农业弱质性和农民增收难等困境（李长学，2018）。对浙江省6个县域1531份问卷数据的实证分析发现，农民电子商务创业、农产品电子商务、电子商务产业生态和电子商务制度及政策支持构成了乡村电子商务发展模式，乡村电子商务发展对乡村振兴具有显著影响。具体而言，浙江省在突破乡村振兴困境上，采取的思路是以乡村产业振兴为关键任务，顺应数字经济发展趋势，以促进农民电子商务创业和特色农产品电子商务为主要内容，以完善乡村电子商务产业生态及电子商务制度支持为驱动力，并通过相应领域的联动改革与配套政策，以此释放技术红利，推进农业增效、乡村绿色发展和农民增收，进而推进乡村全面振兴。其模式思路如图 8-1 所示。

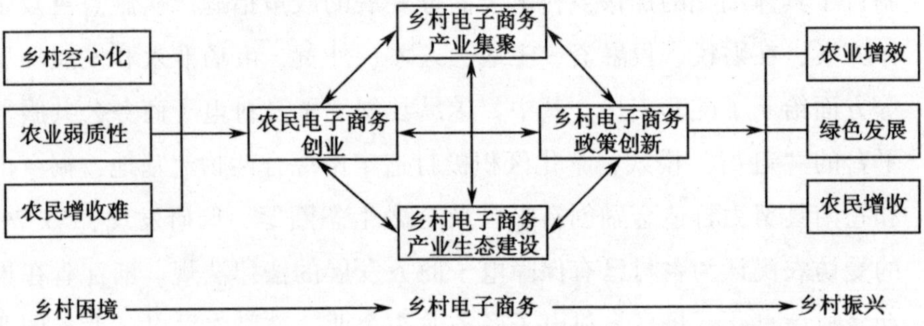

图 8-1　浙江省以电子商务赋能乡村振兴的总体思路

二、模式的基本特征

（一）技术赋能，夯实乡村振兴的物质基础

乡村振兴必须以乡村产业作为支撑，并高效推进乡村产业融合，电子商务为乡村产业融合提供新的推动力。为破解农业精深加工不足、农业产业链条短、农业质量效益低等瓶颈问题，浙江省积极探索电子商务促进农业与互联网的融合机制，形成了农业内部结构优化、一、二、三产业有机连接、新技术新业态渗透、龙头带动产业链延伸、农业功能拓展等产业融合路径，夯实乡村振兴的物质基础。

（二）农民主体，补齐乡村振兴中的人才短板

人的因素是影响经济发展中最为关键的因素，提升乡村人力资本的质量与数量，是提升农业现代化水平、农民现实获得感，实现农业农村现代化的重要基础（卞文忠，2019）。浙江省基于充裕的乡村资源，以及电子商务创业成本低和门槛低的特点，着力引导农民电子商务创业，探索农家连锁店与虚拟店相结合的农民电子商务创业模式。通过电子商务创业带头人培育、创业技能培训和合作培育机制，着力补足乡村振兴中的人才短板，有效推进了乡村振兴。

（三）城乡融合，提升乡村电子商务的辐射带动力

电子商务平台有着数据整合和处理能力优势，能让农户及时掌握城市市场信息，为城市农产品需求者提供精准服务（豆书龙和叶敬忠，2019）。浙江省以乡村建设为契机，注重新型工业化、城镇化、信息化、农业现代化和绿色化的深度融合与同步协调，注重通过乡村电子商务产业集聚区及平台建设，带动了农业、乡村制造业、物流、金融、旅游、文化等相关产业发展，推进了乡村特色产业集聚配套、农业产业化与农产品品牌化发展。

第三节 研究结论与政策建议

电子商务为乡村振兴提供了多元创新要素，是促进乡村振兴的重要引擎。浙江省通过促进农民电子商务创业、乡村流通现代化和农业增效，为乡村振兴提供了一条可行路径。本章以浙江省遂昌、奉化、桐乡、义乌、桐庐和苍南6个县市区为调研对象，诠释了电子商务赋能乡村振兴的实践路径及经验模式。研究发现，顺应数字经济发展趋

势，以促进农民电子商务创业和特色农产品电子商务为主要内容，以完善乡村电子商务产业生态及电子商务制度支持为驱动力，能推进农业增效、乡村绿色发展和农民增收，进而促进乡村振兴。根据上述研究结论，本章提出以下四个方面的政策建议。

（一）加强农民电子商务创新创业能力开发

加强农民电子商务创新创业能力开发，促进农民电子商务创业，是激发农民主体创造创新活力、实现农民增收和促进乡村振兴的重要举措（Stathopoulou，2004）。建议地方政府坚持人才先行的发展思路，多渠道引进高端的电子商务技术、管理、营销、运营、大数据分析及各类复合型人才，并通过优化乡村发展环境，助推乡村电子商务人才专业化的发展。应积极开展乡村电子商务创业示范工程，加强电子商务创业资金补贴、税收减免及创业贷款等政府优惠政策的引导作用。应积极营造乡村电子商务创业氛围，加强农民创新精神及电子商务创业意识的教育，激发农民的创新创业积极性及其内生动力，促进农民电子商务创业意愿转变为创业行为。地方政府、各类电子商务协会、培训教育机构和相关学校，应积极参与电子商务理论知识、技术应用技能、创新创业技能、涉农电子商务和创业实践指导等培训服务，开设网上开店、图片处理、网店推广和移动电子商务创业等“理论—实践—创业”三位一体的课程，以此提高经营主体应用电子商务能力，促进农民电子商务创业。

（二）优化基于电子商务平台的农产品价值链系统和质量追溯系统

建议地方政府优化农产品布局，大力发展乡村特色优势产业，并通过要素聚集吸引各类经营主体入驻，实现整合资源及有效互动。在此基础上，积极引导市场经营主体构建以农产品加工业龙头企业或农产品物流中心为主导、以“互联网+农户+公司”为主体的商业模式，以此做大做强乡村优势特色农业，并改变农民在农产品价值链中的不利地位。地方政府可设立专项资金，支持农业产业化龙头企业、农民专业合作社、种养大户、家庭农场以及返乡创业农民等新型农业经营主体，引导经营主体打造农产品价值链系统及电子商务平台，引导经营主体充分利用大数据指导农业生产主体调整产业结构和销售模式，以此提升电子商务运营平台效率，提高农业综合效益和竞争力。应引导经营主体不断优化农产品质量评估体系和质量追溯系统，并以农产品“生产—加工—物流—销售”的全过程产业链条为追溯内容，利用先进的信息技术，对产品质量安全信息进行采集、识别、传输、存储和查询，提高农产品质量追溯精度与深度，确保质量信息在农产品供应链上的正向可控和逆向可追，以此塑造特色农产品品牌，解决农产品质量与滞销等问题。

（三）加快电子商务产业集聚配套体系建设

建议发展基于互联网和大数据等现代信息技术，以多元化需求和创新创业为核心，以电子商务平台型企业为主导，整合区域产业链，融合价值网，提高市场资源配置效率的新型平台经济形态，以此适应跨界融合创新的需要，及时有效应对剧变的市场竞争环境，实现产业生态系统的多方共赢。应加大财政性资金投入和政策引导社会力量方式，加快乡村物流基础设施、信息通信基础设施、金融体系和供应链体系建设，推进冷链物流设备与技术应用，以此突破大平台的线上技术瓶颈和线下物流金融瓶颈。应培育一批营销推广、技术支持、品牌培育、商务咨询、数据分析等乡村电子商务增值服务商，特别是具有供应链管理、品牌塑造、设计包装、品控溯源等服务的电子商务服务企业，以此提升企业的电子商务应用水平，推进乡村电子商务发展模式创新。

（四）推进乡村电子商务各关键领域的体制机制创新

建议政府强化体制机制创新及政策支持，助力乡村电子商务协调发展，创造出新的政策红利和技术红利。应构建政府相关部门、市场主体与社会群众共同参与的协同治理机制，发挥电子商务企业及协会的创新引领作用，协同推进相关管理部门和公众参与的体制机制创新，推进乡村电子商务政产学研多方联动，形成发展乡村电子商务的强大合力。政府相关部门应通过深入调研，充分掌握乡村电子商务主体对公共服务的需求，强化公共服务体系建设，做好服务政策衔接，并加快建设乡村电子商务示范区及其重点项目建设，以政策杠杆撬动资源配置，创造出新的政策红利和技术红利。应建立有效的政策激励机制，完善乡村电子商务的土地规划、平台规划、金融体制、财税体制和公共资源配置等，引导金融机构研发乡村电商金融工具，优化乡村电子商务发展的软硬件环境，以此激发农民开展电子商务创业就业的主观能动性。应提升对乡村电子商务新型市场主体的管理水平，严格规范电子商务市场主体准入，积极履行电子商务监管职能，大力加强信用体系建设，打击不正当竞争行为，保证乡村电子商务的公平竞争秩序。

第九章　乡村红色资源价值转化的实践对话

浙江是中国革命的启航地，拥有丰富的红色资源，其中，丽水市是浙江省唯一的一个全县市（区）都是革命老根据地的地级市。丽水市的红色乡镇在中国革命史上书写了辉煌而壮丽的篇章，有着深厚的红色基因和许多革命故事。如何传承红色基因，促进乡村红色资源价值转化，助推革命老区乡村振兴？带着这一问题，我们重走红军路、吃红军饭，亲身体验红军当年的艰难困苦。每走访一个红色乡镇，都仔细聆听当地革命人物的红色故事，了解乡村红色资源价值转化及运营情况。本章节选了我们实地走访丽水市莲都区老竹镇、大地广告公司和浙西南干部培训中心对相关人员的部分访谈记录，原生态地呈现了相关参与者推进乡村红色资源价值转化的实践做法及其背后故事。

第一节　实地走访莲都区老竹镇新陶村

一、党性引领，红色血脉代代相传

访谈者：新陶村是莲都区最早的红色堡垒，您能简单地介绍一下新陶村的革命发展历程吗？

被访谈者：我们老竹畲族镇新屋村，是莲都区最早的红色堡垒，即中共南乡区委成立地。莲都区南乡地区包括了莲都区老竹畲族镇、丽新畲族乡、太平乡巨溪片区，这一块区域因地处原宣平县的南部，历史上统称为南乡，是浙西南革命根据地的重要组成部分。1928 年 5 月，在新屋村建立了中共南乡区委，郑和斋任区委书记，从此，革命的星星之火点燃了武装斗争的烽火。1930 年 6—8 月，相继建立了北、西、南、东红军营，番号为红军第十三军浙西南第三纵队，达 2000 余人，其中南营 400 余人。打土豪，分浮财，百姓拍手称快，土豪闻风丧胆。1935 年夏秋之际，红军挺进师在刘英、粟裕、黄富武等率领下，转战丽水山区，在新屋和麻铺一带重新燃起红军游击战火。1939 年夏，中共处属特委汪金，在巨溪李家祠堂成立了中共宣平工作委员会，建立国共合作民族统一战线和特约曳岭经济实验区，发展生产，支援抗战。1948 年除夕夜，捣毁位于曳岭脚村的伪区公所。之后的第二天，成立了曳岭区人民民主政府，周一平任区长，曳岭成为丽缙宣边区的第一个解放区。

访谈者：新陶村是如何传承红色基因，弘扬红色文化的？

被访谈者：新陶村红色文化源远流长，革命历史悠久。在此期间，涌现出了郑和斋、郑智诰等多名革命烈士。郑和斋和郑智诰两位革命烈士被我们后世称为郑氏双杰，其中郑智诰就是我的爷爷。爷爷郑智诰在 1947 年 3 月光荣加入了中国共产党，他利用国民党曳岭区崇义乡乡长的身份作为掩护，为游击队筹粮、购买军需品、探听情报、传递消息。他还在家里办服装厂，组织村民为前线的战士赶制军装、军鞋。1949 年 3 月，在敌人的围剿中，为了转移物资和保护群众，郑智诰被反动分子告发而被捕，牺牲在老竹镇桥头的大樟树下。

从小听着爷爷的革命故事长大，我决心要将新陶村老一辈革命先烈的红色故事传扬下去。2014 年，我便带头建设了第一个项目——南乡革命纪念馆，通过文物遗迹、视频及图文资料展览展示，将南乡革命精神传承下去。2016 年，纪念馆提前建成对外开放，同时利用现有资源，将村内闲置的小学改造成南乡食堂，同样融入红色主题文化。随着新陶村成为丽水市党史教育基地，成为市、区各机关、企业重走红军路、重温入党誓词、开展主题党日活动的党性教育基地，也吸引了各地党员来此开展红色教育活动，从而带动了村中的民宿、农家乐的发展。现在，我们每年接待游客约 2.5 万人次，增加村集体经济收入 20 万元左右。

二、资源融合，开创乡村振兴新格局

访谈者：新陶村远近闻名，成为莲都区乡村振兴示范引领村，新陶村是如何转型升级、实现跨越发展的，这其中有什么发展秘诀吗？

被访谈者：其实我们并没有什么特别的秘诀，最主要的还是因地制宜，把我们的资源挖掘出来并利用好。2013 年，我放下了手里的生意，从外地回到新陶村，参选为新陶村的党支部书记。看到当时新陶村的发展现状，我认为新陶村要改变就要做到一手抓村貌，一手抓经济，要因地制宜、集中优势发展村集体经济和乡村旅游。要做好以下两点：

一是改变村庄面貌。我刚回到新陶村，村里还是坑坑洼洼的黄泥路，满地都是鸡鸭粪便，猪栏粪坑多达上百个，河道淤泥沉淀，垃圾堆积。当时我心里就暗暗下了决心一定要改变现状。要致富先修路，我到村任职后的第一件事就是将村内道路全部浇筑成水泥路，村内道路变得平整，村内环境得到改善。同时，开展村里露天粪坑清理，也遇到过不配合的村民。但是，我就是下了决心，用“不撞南墙不回头”的毅力，不停地做农户的思想工作，最终赢得农户的理解和支持。2013 年至今，在村两委干部、党员、群众的共同努力下，新陶村路面干净整洁了，河道清澈了，房前屋后花儿种起来了，村庄面貌得到大大提升，为之后的村庄发展打下了坚实基础。

二是依托资源发展经济。在我刚担任新陶村党支部书记的时候，村集体经济处在入不敷出的境地，欠债 50 万元左右。我知道眼下当务之急就是，要扩大村集体经济收入，生态观光农业、生态旅游与红色旅游融合是当下发展新陶村村集体经济的好路子。一方面，发展农业。我们通过招商引资，整村流转土地达 300 余亩，发展生态观光农业，带动了村集体经济发展。村集体种植处州白莲 70 多亩，不仅仅成为村集体收入来源，更是新屋村的一道靓丽风景线。同时，村集体还种植了茶叶 130 多亩，水果采摘园 100 多亩、农业观光园 200 多亩，有效实现农业增效。另一方面，发展旅游业。依托良好的生态环境和旅游资源，发动村民发展农家民宿，现有民宿 8 家，餐位 320 个，床位 120 张。利用新陶村的红色文化、古民居、生态农业观光园等旅游资源吸引了来自四面八方的客人前来参观游玩，从而增加了村集体收入，带动村民增收。在村两委干部、全体党员群众的共同努力下，我们新陶村集体和村民的"钱袋子"也越来越鼓。

访谈者：新陶村历史悠久，文化底蕴深厚，除了红色革命故事还有哪些值得分享的地方吗？

被访谈者：在新屋自然村中的"郑氏祠堂"中有一副对联，上面写着："今有双门烈士唤民众南乡革命二十年，古有双门郑氏荫子孙新屋繁衍八百年。"可以看出，我们新陶村不仅是一个有着革命英雄主义的红色村落，也是一个有着 800 余年历史、文化气息浓厚的古老村落。

一是表现在家族文风兴盛。郑氏家族从古以来重视教育，文武进士贤人辈出，人才济济。从东晋田园诗人陶渊明，到中唐宰相郑絪，至近代名流郑钧，昭示着新陶村文风兴盛、诗书传家，贤达俊彦，人才辈出的深厚底蕴。新屋郑氏，也称为"双门郑氏"。村民一直以"双门郑氏"的故事为自豪，北宋时，有郑睿、郑通两叔侄同时中榜考为进士，郑睿还成了宰相，后来叔侄俩回归故里，朝廷赐立两牌坊，因此就有了"双门郑氏"。

二是表现在古村民居荟萃。新屋村已有800余年的历史，至今仍旧保留着大量明清古建筑，以土木结构为主。其中，有五幢古民居为莲都区文保单位，而且是全区保护最好的古建筑，有郑家新屋、郑氏老宅、郑氏宗祠、郑和斋烈士旧居，郑智诰烈士旧居等古民居。每一座古宅的背后都有着浓厚的人文气息。村中祠堂、宗谱等古物古迹也记录着历史的沧桑。

访谈者：新陶村是如何挖掘历史古村落文化，推进古村落开发工作的？

被访谈者：为深入挖掘新陶村历史古村落文化，推进古村落的开发工作，2018年，我们新陶村和浙江隐墅乡村旅游发展有限公司签下合约，将石门源古村进行创意化改造，计划打造16栋生活美学民宿。拟建石门源隐墅文化艺术村，以隐墅十六观为核心理念，将建筑物改造活化，建造以“隐”文化为主题的民宿集聚区，预计投资5000万元。目前，第一栋古民居正式完工，开始试营业，有效带动新陶村“生态旅游+历史文化”发展经济。

访谈者：新陶村又是如何将红色文化资源再挖掘再利用，使红色旅游推向产业化的？

被访谈者：

我们做了以下两点：

一是引进工商资本，开发红色旅游项目。2018年6月，我们和丽水华宇旅游开发有限公司达成协议，由该公司在新屋村开发红色旅游项目，总投资约500万元。新屋红色营地项目依托红色资源，进行统一布局规划，以南乡革命根据地大背景下把红色旅游强化、细化，打造出了一条莲都“红色之旅”教育旅游路线。该项目的开发，有效推动了村内旅游产业的进一步发展。

二是以节会活动为载体，传播红色革命文化，打造红色旅游品牌，加快新陶村红色旅游产业化发展。2019年，为大力弘扬浙西南革命精神，为中华人民共和国成立70周年献礼，在区委区政府的支持、镇党委政府的领导下，我们在新屋村成功举办了老竹畲族镇建镇历史上首届红色文化旅游节。还邀请到市委常委、莲都区委书记徐光文，区人大常委会主任陈元龙等区领导参加开幕式。十一长假期间，首届红色文化旅游节客流量在2.6万人次以上，门票和游乐设施收入超45万元。首届红色文化旅游节的成功举办，让更多的游客走进了新陶村，体验当地的红色文化、古村落民俗文化与乡村生态文明。

第二节　实地走访大地广告公司

一、红色故事，彰显老区乡村文化内涵

访谈者：您能给我们讲讲王村口的革命历史吗？讲讲粟裕将军在王村口的革命故事？

被访谈者：1935年，刘英和粟裕同志他们来到王村口以后搞了轰轰烈烈的土地革命，建立了20多个苏维埃政权，他的指挥中心师部就是在王村口镇。粟裕和刘英同志为了策应长征，到遂昌县王村口镇搞了轰轰烈烈的革命，吸引了很多的国民党力量到这边来，所以他们对我们围剿得很厉害，导致我们牺牲比较多，比较惨烈。刘英和粟裕同志离开王村口镇以后，粟裕去了遂昌县另外一个叫门阵的地方。在1937年的时候，粟裕他们只有60~70人，他们到门阵的山区里边，后来才知道国共有了第二次合作。听到这一消息后，粟裕给遂昌县政府写信，大家和谈。然后，粟裕部队被改编成国民革命军，然后到江苏去奔赴抗日前线。所以说，粟裕在遂昌县的革命有两个地方：一是王村口镇，搞了轰轰烈烈的苏维埃政权；二是门镇村，他是把自己的

有生力量保了下来，后来才有了他波澜壮阔的革命事迹，才有指挥战争这么伟大的壮举出来。

如果对粟裕同志足够了解的话，您就发现他是个旷世奇才，打仗的话他几乎没败过。特别是，他的战术转变很快，他在 1937 年才带了 60 多个人，在遂昌县的小山沟里面打游击，到了 40 年代，他就可以指挥千军万马，跟国民党进行百万大军对抗。很多军事专家都在研究粟裕同志灵活的指挥战术，粟裕同志原来在井冈山就是跟着毛泽东同志的，很大程度上，他继承了毛泽东同志的游击战术。在遂昌县王村口镇的这些年艰苦的游击战争经历，粟裕同志也积累了一些自己的宝贵的战争经验，然后运用到了解放战争里面，粟裕是我国一大战将。

王村口镇现在做得不错的有以下三个方面：

一是深入挖掘了红色故事，理清了红色脉络。我们把刘英和粟裕同志的挺进师从 1934 年年底到 1936 年，在遂昌县的整个革命过程，摸得非常清楚。

二是王村口镇当地党委政府及老百姓都一直把挺进师在王村口镇曾经战斗过的岁月，作为这方水土宝贵的一个革命精神传承下来，这个精神一直在，就没有断过。从解放战争到中华人民共和国成立以后，再到我们的社会主义革命、社会主义建设过程中，一直穿插着 1935 年这个挺进师的革命精神，这点我感觉就是难能可贵的。

三是因地制宜，根植于本镇红色资源优势，积极发展红色教育、红色旅游、红色研学、红色主题民宿等关联产业，不断推进红色关联产业链的延伸、拓展与提升，从而实现对红色资源的充分利用。

除此以外，王村口镇可以挖出的故事还有很多。1942 年的时候，美军轰炸日本本土以后，当时有两架战斗机掉到了遂昌县境内，遂昌县人民就把美国兵救起来了。救起来以后，他们当时的落脚点就是王村口镇。由王村口镇乘船到衢州，然后送回美军联合总部。这么说，遂昌县人民都有一种革命的基因和向往和平的基因在里面。

二、革命遗址，传承老区乡村红色基因

访谈者：您能给我们讲讲修复挺进师纪念馆的过程吗？

被访谈者：五味杂陈啊，我感觉到是有可喜的地方。可喜的是，我们国家，我们社会层面对红色基因的传承应该说还是比较重视的，而且，我认为遂昌县是起步比较早的。在浙江、在浙西南，遂昌县是一面红旗。早在20世纪80年代，粟裕将军过世的时候，王村口县的人民就有强烈的愿望，要把粟裕将军的骨灰留在王村口县。这是很自豪的，因为当时在遂昌县城的庙高山已经找好位置，准备动工做纪念碑的，后来王村口镇人民就是不肯，他们强烈要求一定要粟裕同志到他曾经战斗过的地方。因为粟裕同志在王村口镇整整待了两三个月，在王村口镇建立了苏维埃政权。以后，他们把纪念碑放到了王村口镇，后来粟裕同志的骨灰安放地就在玉皇山公园，所以，王村口镇人民对粟裕同志还是很了解，而且是非常有感情的。

王村口镇发展红色文化，传承红色基因，我感觉还是有一定道理的，包括十多年前建的挺进师纪念馆。其实，一开始是没有考虑让我们来做的，当时是想请外面的人给我们做，但是他们要价太高了，他们不一定对这个地方有感情。后来，我们足足在那蹲点蹲了有将近半年，建成粟裕纪念馆才花了百万元钱。在当时来说，就我们山区县而言，要花百万元来做纪念馆，很奢侈了对不对？尽管相对外面来说，这是一个很小的数了。王村口镇就以挺进师纪念馆为契机，包括师部旧址和刘英、粟裕纪念馆，就这样发展起来了。

现在搞旅游也好、搞农家乐也好、搞干部培训也好，王村口镇比一般的乡镇农村还是有活力一些。王村口镇的活力来自哪里呢？可能就是这个红色基因。所以，我想来王村口镇继续往前走的话，接下来

就像您说的探索“红绿融合”，可能会有一些东西值得我们可看、可学，也可以预见当地老百姓会从中受益，通过红绿融合发展产业来改善他们的生活。在王村口镇，您最起码可以看到它的升级，这种发展升级可能就源于红色基因我们还在传承。如果红色基因都不传承的话，可能就割裂掉了，包括现在马上要把挺进师纪念馆进行升级。

三、有效治理，不失红色资源底色

访谈者：王村口镇在红色资源价值转化的过程当中，具体在微观运作方面还有什么好的经验？

被访谈者：怎么说呢，比如说前几年，我们考虑到用挺进师精神来武装我们的干部队伍，后来就推出干部培训学校，这点我感觉是真的非常好。原先遂昌县是没有的，我们一直在思考王村口镇的革命精神到底会给我们带来什么？我们可以让它在干部队伍当中能够起到什么作用？后来大家七嘴八舌说井冈山精神之类，我们就跑井冈山去学习了。有人去井冈山，认真学习井冈山精神，我们想是不是也可以让大家来王村口镇学习我们的挺进师精神呢？在这种情况下，在县委县政府牵头下就做了起来。但是，我感觉发展步伐还不够大，我们的管理能力，或者说我们的整个师资力量、管理队伍还是有欠缺的，有点赶鸭子上架的感觉。但我感觉到赶鸭子上架就是在探索的做了，比他们提出研学要早很多了。原先我们在做干部培训的时候，还没有红色研学这一说，后来就有了红色研学基地，我感觉到遂昌县这方面还是走在前面的。如果有您们高校师生一起参与进来，说不定哪位同学可能成为我们干部学院的老师或者教授，或者怎么进行合作。

访谈者：您觉得怎样进一步发挥红色资源经营主体的创造力？

被访谈者：干部培训学校是不定期开课，很多事业单位来联系说要进行干部培训，或是要进行团队建设。然后，这些单位就联系王村口镇干部学院给他们上课。师资力量省委党校的老师都有，我们的管理还没有跟上时代的发展和节奏，这是我所顾虑的。但是，不管怎么说，大家都在做。红色资源转化的路径，基本上都是老三样，无非是旅游的景点开发，再比如说，研学和干部培训，还有就是农家乐旅游，包括我们旅游商品啊，像王村口镇就有商品一条街的，王村口镇古街还是保留得不错的，但王村口镇发展的前期就是红色古镇。

说起运营，包括我们老街，老百姓在那里经营，上次我去看他们卖些酒啊、卖些商品啊、布鞋之类的东西。感觉都很漂亮，但是实际效果还不是很理想。我觉得唯有以红色干部培训学院为依托，把红色干部培训学院做好，红色干部培训是唯一的支撑点。旅游成不了大气候，唯有把红色干部培训学院打造成浙江省或者说是浙西南一个标杆，大家感觉，因为他每年基本上都有党员培训或干部培训，如果这个做好的话，那这就撑起来了。浙西南干部培训中心是一个国有企业在运营。其实原来是民营企业做的，是我带了一个民营的搞拓展团建的一位老板，去跟组织部谈的，而且整个陈述是我陈述的。后来他跟当地政府合作起来一段时间以后，有人提出异议，一个干部培训学院不应该交给一个个体户去经营，政府感觉到压力，感到利用红色资源给私人在赚钱，不合适。现在，我们宁可少赚点，宁可发展慢点，但是原则性的问题还是要讲究的。

第三节　实地走访浙西南干部培训中心

一、红色培训，提升红色文化美誉度

访谈者：您觉得浙西南干部培训中心在红色价值转换方面，有什么值得借鉴的经验和特色做法？

被访谈者：我们是边摸索边往前走，特别是红色培训这一块的话，像我们这边的培训中心就有打造“浙江井冈山”的说法，我们当时也就是依照井冈山的模式去做的。当然，王村口镇红色资源非常丰富，想必大致情况你们应该是有所了解的。首先，我们是很早开始就把王村口镇申报成为省级文保单位，这样一来的话，革命遗址群就能得到很好的保护。我们每年都会有相应的一些固定的修缮资金，让革命遗址重新焕发生命力啊。另外，一直以来，王村口镇这个地方就是青少年爱国主义教育基地。遂昌县领导人高瞻远瞩，确切地说是从2017年开始，在王村口镇创办了浙西南干部培训中心，一直致力于塑造“红色教育”品牌。我们设计了一系列的理论教学课程和现场教学课程，理论教学课程涵盖政策解读、党性修养、党史党建等；现场教学课程就是将学员带到革命遗址、革命纪念馆或红色景点等现场，向学员讲解过去在这里发生的红色故事及其相关的红色人物。在教学过程中，我们规定学员必须穿红军服，也会在实地组织升国旗、唱国歌、入党宣誓、重走红军路等活动，这可以说是一种体验式教学活动。

我们培训中心的" 红色教育" 品牌是依托本地特有的丰富红色资源，其影响力在不断提升。特色是品牌的核心竞争力，每个地方有着独特的人文底蕴，发生的革命故事不一样，涉及的革命人物也不一样，其体现出来革命精神也各具特色，这就是一种核心竞争力。例如，延安精神的核心内容是：坚定正确的政治方向，解放思想、实事求是的思想路线，全心全意为人民服务的根本宗旨，自力更生、艰苦奋斗的创业精神；而浙西南地区的革命史体现出来则是听党指挥、对党忠诚、依靠群众、同甘共苦的一种革命精神。创办之初，我们的影响力局限于遂昌县，而现在，我们的影响力已扩大到丽水市甚至浙江省。我们的目标是通过3年至5年的建设，将培训中心升格为浙西南干部学院。

二、红绿融合，拓展红色资源价值转化路径

访谈者：您觉得什么是红绿融合？红色培训是如何与其他业态结合起来的？

被访谈者：我们充分发掘当地的红色资源，发展红色旅游产业。一直以来，王村口镇可以说是遂昌县的旅游小镇，虽然说我们不能跟其他一些比较有名的小镇相比，但我们现在也是省内评的浙江省首批5A级景区镇。浙江省首批5A级景区镇一共3个，我们是其中一个，另外两个是乌镇和仙居。那么红色旅游这一块的话，来我们王村口镇参观这些革命遗址群，到解放桥打卡拍照，这至少是在遂昌县，包括周边地区比较理想的一个选择。游客以前是以中老年为主，近年来随着基础设施的改善，红色点位的增多，年轻人也多了起来。游客有三种：第一种是旅游团带过来的；第二种是散客；第三种就是工会组织开展的活动。

另外，王村口镇这边还有一个4A级景区叫南尖岩，我们跟南尖岩那边景区沟通以后，去南尖岩旅游的游客会引流到我们这里来，当然，到王村口镇这边来的游客也会引流到南尖岩去，从而形成一个闭

环。南尖岩从地理位置上来讲，就属于王村口镇的。还有我们从2018年开始谋划，2020年开始运营的红色研学。我们王村口镇是浙江省首批研学实践教育基地，是属于省级的一个研学教育实践基地。研学里面又分为基地和营地，王村口镇是省级的首批研学实践教育基地。我们也是特别欢迎各组织机构与王村口镇合作，不管是主攻小学市场，还是中学市场，只要具备条件，我们都很欢迎。另外，我们还有燎原培训等一些其他的培训机构。

三、区域集聚，红色资源价值转化未来可期

访谈者：接下来，你们对于红色资源价值转化有哪些设想或规划？

被访谈者：2022年的时候，会看到王村口镇有一个比较大的变化，位于北部路口有一块区块叫创业范，目前还是一片空地，你们前面游览观光看到的都是一些老建筑为主，红旗飘飘，非常复古，很有红色氛围。创业范这个区块就是主打新的红色小区，或者说可以定义为5A级景区镇的小镇客厅，这是政府投入有好几亿元。县里面对这块也比较重视，上次来调研了之后，给我们一路开绿灯。接下来，我们想借助创业范这个区块，可能到时候挺进师纪念馆也会从原先的位置迁到那里去，而且，到时候也会有一些比较高档的连锁酒店进来。现在主要是以现有的红色资源来发展我们的三大产业，就是红色旅游、红色培训和红色研学。当然，我们这个地方山清水秀，我们也在尽可能做足绿色文章，比如说，高山蔬菜种植也是搞得有声有色的。

第十章　促进乡村红色资源价值转化的对策建议

第一节　持续夯实乡村红色资源价值转化根基

优势资源是一个区域经济社会发展的核心竞争力，红色资源是革命老区特有的优势资源，乡村红色资源价值转化是实现乡村振兴的可行路径（邓安娜等，2020）。乡村红色资源价值转化是在保持红色底色的基础上，推进红色资源向红色旅游、红色文化创意等发展动能转变，实现政治效益、社会效益、文化效益和经济效益有机统一的过程（万生更，2010）。乡村红色资源保护是乡村红色资源价值转化的基础（石培新，2020）。毋庸置疑，要加强对乡村红色资源的保护，但更重要的是如何保护或如何采取针对性措施加以保护。由于各地乡村的红色资源具有不同的转化潜力，因而应针对不同类型的红色资源采取不同的保护方式。有不少地方在实践中热衷于投入大量资金，对红色遗迹、建筑或场景进行大规模重建，这种大规模的重建很可能会在一定程度上对红色资源造成破坏。因此，有必要摈弃既往简单粗放式的乡村红色资源保护方法，采取科学而有针对性的乡村红色资源保护策略，以此持续夯实乡村红色旅游资源价值转化根基。

一、加强乡村红色资源保护的顶层设计

实践中，各地通过加强乡村红色资源保护的宣传教育，提升公众

对乡村红色资源保护的意识。然而，乡村红色资源保护面临的形势依然严峻，由于一些红色资源的产权不清晰、分布分散、保护级别不高，使得部分红色资源损毁严重。建议从筑牢意识形态阵地的战略高度，从弘扬爱国主义精神、培育社会主义核心价值观的战略格局，充分认识保护乡村红色资源的必要性和紧迫性，决不能让红色资源失去光彩。建议加强对乡村红色资源保护的顶层设计，从全局角度突破红色资源保护实践中的重点和难点，确保红色资源既在体量上有保障，更应在质量上有保证。建议深入挖掘乡村红色资源的革命精神内涵和价值，全力营造自觉弘扬革命精神的红色文化氛围，使革命元素在红色旅游、革命文物保护利用、红色教育等规划及其政策实践中得以充分体现。

二、落实乡村红色资源的分类保护措施

建议对反映当地重大革命事件的遗迹、重要会议遗址、机构旧址、人物旧居、纪念设施、文物藏品等革命遗存，进行全面梳理和建档，定出需要恢复、抢救性修复、日常维护的革命遗址名单。在此基础上，严格按照《中华人民共和国文物保护法》《各级文物保护单位保护范围建设控制地带标准和依据》，对列入各级文保的革命文物实施分类保护，制定出台地方革命文物保护相关条例。对于建筑类革命文物，建议改善其保存环境，坚持抢救性和预防性保护并重，保障革命遗址保护资金，组织实施革命遗址维修保护项目，确保及时地采取补救措施。对于其他革命文物，建议实施预防性保护，注重文物本体与周边环境保护，定期对文物本体和周边环境进行全面勘察，及时排查可能存在的危险，做到防患于未然。

三、探索乡村红色资源的数字化保护方式

大规模的重建很可能会在一定程度上对红色资源造成破坏，数字化保护比可能重建修复更具意义。建议丰富革命文物的资料数据，建立地方革命遗址数字地图，通过数字化方式，汇集革命遗址分布、革命遗址基本情况介绍、现状保护情况、管理责任部门等信息，在红色资源建筑本体上，分别装置温度传感器、倾斜仪、应变计、位移计等传感器，这些传感器可以实时获取建筑物的环境温度，监控裂缝宽度的变化，监控墙体和柱子的倾斜的角度，检测梁柱的变形。建议完善乡村红色资源的资料数据，将红色文化、红色资源以数字化的形式保存，同时采取合理的管理方式，注重安全性和保密性等方面问题，做到有序管理。在革命文物的保护和展示方面，建议借鉴西方国家的经验，向观众展示数字化文物。结合文字、图片加实物的形式，这不仅能增加视觉和听觉效果，还能保护文物不受污染或者闪光灯的照射。建议充分利用现代信息技术，实现红色资源的信息化和数据化，将红色展馆建在网上、将红色资源挂于云端，通过云记忆让红色资源得以长久保存。

第二节　动态挖掘乡村红色资源价值转化潜力

坚持革命精神弘扬优先与强化红色资源价值转化，是一种相互依赖、相互促进的关系。调查发现，不少乡村的红色资源分布在偏远山区，存在单体资源价值不高、分布分散、开发利用难度大、产业体系不够完善等问题（毛嘉正和李玮，2020）。建议动态挖掘乡村红色资源价值转化潜力，推进红色资源价值多渠道、多方式价值转化，以此

提升革命老区内生发展力。

一、建立乡村红色资源价值转化潜力指标体系

促进红色资源价值转化的逻辑起点是，找到转化潜力价值高的红色资源。红色资源价值转化潜力指标体系，可以帮助我们找到转化潜力价值高的红色资源。建议在有效建立红色资源价值转化潜力指标体系的基础上，利用这一指标来科学评判红色资源的潜力，区分出不同潜力层级的红色资源，发现并识别出其中的商业机会。由此重点关注转化价值及成功率较高的红色资源，找准发力点，把主要精力放在内在潜力较大的红色资源上，从而提高红色资源价值转化的成功概率。建议从乡村红色资源文化价值、社会价值、生态价值、体验价值和经济价值5个价值维度对乡村红色资源价值转化潜力进行评价，可供各地推进乡村红色资源价值转化的相关决策参考。

二、不断推进乡村红色资源价值商业化

建立乡村红色资源价值转化潜力指标体系，有助于我们找到转化潜力价值高的红色资源，从而识别出乡村红色资源价值转化的商业机会。然而，只有推进乡村红色资源价值商业化，才能使识别出的商业机会真正产生价值。红色资源承载着革命记忆，是特殊的文化资源，也是经济社会发展的宝贵财富，具有历史见证、精神教育、促进发展等多方面价值。其中，通过对红色文化创意的商业化，将转化红色文化创意为红色文化创意产品，是推动红色资源价值转化为发展价值的重要路径。各地依托红色文化资源，开发了大量富有特色、受到消费者欢迎的红色文化创意产品，但总体上，红色文化创意的发展仍然面临产品设计理念滞后、对消费者吸引力不足、市场规模偏小等问题。

推动红色文化创意优化发展、提升红色文化创意的魅力，关乎革命文化弘扬和红色基因传承，关系我国文化创意产业的整体提升，红色文化创意发展存在的短板必须要补、难题必须要解。为聚焦研究范畴，在此针对如何推进红色文化创意的商业化，提出如下对策建议：

第一，保证红色文化创意的正确政治立场。如上所述，乡村红色资源价值转化是在保持红色底色的基础上，推进红色资源向红色旅游、红色文化创意等发展动能转变，实现政治效益、社会效益、文化效益和经济效益有机统一的过程（邓辉煌，2012）。保持红色资源的红色底色，要求我们开展红色文化创意的开发设计时，首先要保证红色文化创意政治立场的正确性，这是开展红色文化创意的开发设计的基本出发点和政治底线。在中国共产党领导下，军民艰苦奋战、浴血斗争，在长期具体生动的革命实践中缔造、凝结而成的战斗精神、胜利精神，蕴含着坚定的理想信念、厚重的先进文化、崇高的革命风范和高尚的人格魅力，具有超越时空的吸引力和感召力，是中国共产党人精神气概的典型表现。建议在尊重历史的真实性、保持政治立场的正确性、服从解释主体的权威性的前提下，拓展红色文化创意设计的想象空间，以高度的艺术自觉和想象去开发红色文化创意产品。

第二，提升红色文化创意设计能力。红色文化创意领域缺乏优秀创意能力的突出表现是，大多数设计者对红色文化符号、红色人物形象、红色历史图案缺乏深刻理解的再创造。实践中，很多红色文化创意产品只是对这些图案、形象和符号的机械转移，将它们从档案和历史深处移驻到日常用品、纪念品表面，打造新的“文创产品”。对红色历史符号和相关图案的千篇一律的机械搬运，只会抑制红色文化创意产品的生命力，降低消费者对它们的兴趣和购买欲望。建议通过精心的审美设计，以变形、抽象、夸张、组合、交叠等艺术表达方式，创造新的图案和符号，赋予其时尚、流行且富于生命感的艺术设计灵性，红色文化创意产品才会有市场并受到消费者的欢迎。

第三，提高对红色文化创意的叙事能力。实践中，很多红色文化创意产品是单个的物品或系列化的单个物品，大部分产品缺乏历史故事及其所承载的情感逻辑与时空意义，很难打动消费者的情感，激发他们的购买欲望。只有将红色文化创意寓于故事结构中，红色文化创意产品才能从单纯的红色文化载体转化为具有情感价值的文化消费品。建议加强红色文化创意的整体性叙事能力，深入挖掘、精心设计红色历史或红色物品背后的故事结构，使红色文化创意产品成为红色故事结构的枢纽和人物情感链接的节点，推动红色文化创意产品从物品到意义和情感载体的身份转换。

三、持续评估乡村红色资源价值转化效能

红色资源价值转化是一个持续的过程，因而对其转化效能的评估也是一个持续的过程。在红色资源商业化和经济价值转化的过程中，对其转化效能的持续评估有助于及时收集红色资源价值转化的过程数据，从而发现其转化过程中的问题并做出相应的应用决策方案。建议从乡村红色资源保护传承、红色文化景观塑造提升、红色资源价值挖掘利用、公众社区参与协同治理 4 个效能维度价值转化效能进行评估，可供各地推进乡村红色资源价值转化的相关决策参考。红色资源价值转化面临的一个突出问题是，应用场景较窄。多数红色文化创意还局限于旅游纪念品，只有少数产品以文具型、玩具型文创用品或其他用品的面貌出现，这大大限制了红色文化创意产品的市场规模。建议增进红色文化吸引力，全面开拓它们的应用场景，大力拓展红色文化创意向生活领域的渗透，使红色文化创意与居家生活、汽车文化、手机文化、益智娱乐文化等领域全面融合，并提高红色文化创意的时尚感。

第三节　加快促进乡村红色关联产业链升级

乡村红色资源的价值转化与关联产业发展相辅相成，产业经济或价值活动必然投射到一定的区域范围内（龚勤林，2004）。然而，不少乡村的红色关联产业链构建实践中，仍存在“短链”“断链”或“低链”等问题，其运行效能亟待进一步提升。建议通过推进红色资源价值产业链的延伸以补足“短链”，通过促进红色资源与特色产业的深度融合以接通“断链”，通过重构与提升红色关联产业链以加速“低链”升级。

一、加快推进红色资源价值产业链的延伸

当前，乡村红色关联产业已进入品质提升、特色彰显、产业集聚与业态融合的发展新阶段。构成价值产业链的各个组成部分是一个有机的整体，相互联动、相互制约、相互依存。产业链延伸包括产业链延长和伸展（弓志刚和李亚楠，2011），乡村红色资源关联产业链的延伸包括红色资源关联价值链的延长和拓展两个维度。建议对红色关联产业链进行价值分析，充分挖掘产业链上每一个环节的潜力，延伸红色关联产业价值链。建议推进红色资源的跨山统筹、跨县统筹，实现区域资源的有效整合，推进重大区域红色资源与周边旅游景区、森林公园、田园综合体、特色小镇等进行捆绑发展，形成产业集群的强大极化作用。建议对具有较高开发利用价值的红色村镇，重点支持改善交通条件，加强跨县统筹交通设施建设，为实现乡村红色资源跨县域有效整合创造条件。

二、不断促进红色资源与特色产业的深度融合

建议推进红色文化与生态游憩、古村落、乡村旅游、健康养生、休闲运动、民族风情等融合发展，打造革命老区经济发展的重要引擎。建议丰富红色旅游产品体系，充分融合红色文化元素，开发红色旅游特色商品，鼓励开发红色主题民宿、青年旅社、红军主题餐厅等，以此丰富游客对红色旅游的体验，激发红色旅游发展活力。建议加大对影响较大、基础条件较好的红色军事文化遗产的投入力度，完善设施建设，打造有深刻思想内涵和丰富文化底蕴、有吸引力感染力的红色教育阵地，以此为依托来讲好红色故事，弘扬红色精神。建议推进红色文化与剑瓷、木玩、铅笔等经典文化创意产品融合，推进红色文化与生态农业、特色农产品、影视演艺、军民融合产业等融合发展，加大对红色产业支持力度，并建立特色产业扶持长效机制。

三、持续重构与提升红色关联产业链

建议布局于各区域的红色关联产业主体调整自己的组织结构与产业联系，打通区域之间的价值壁垒，把产业链中各主体的价值链包含在更大的价值活动群中。建议在开放系统中，各红色关联产业链主体基于联结点衔接和区际动态市场博弈，重新进行若干链环的再延伸、再整合与再提升，持续重构与提升红色关联产业链，最终形成更大区域范围内的、动态的、协同发展的红色关联产业链群。

第四节　着力提升乡村红色文化品牌美誉度

品牌是产品或企业资产的重要组成分，区域品牌则是区域向社会公众传递的核心精神。红色资源具有独特性和稀缺性，革命精神影响力是红色资源价值转化的核心竞争力。深入挖掘本土特色，精准定位，创造差别，塑造红色文化品牌是红色资源价值转化的重要条件（刘琨，2012）。调查发现，不少乡村的红色文化品牌的培育还处于粗放的低层次阶段，存在品牌内容同质化严重、品牌形式单调、展示手段单薄、产品类型单一等问题，因而很难对红色文化的消费者产生吸引力（罗小斌和方世敏，2006）。建议将红色文化元素注入红色村镇规划设计，创建独特的乡村红色文化品牌，同时，借助全媒体高密度宣传，不断提升区域红色文化品牌的知名度、影响力、吸引力与美誉度。

一、精心设计，塑造乡村红色文化品牌形象

品牌形象是产品销售的有力武器，良好的品牌形象能带来较大的经济效益（蒋廉雄和卢泰宏，2006）。建议顺应红色产品消费文化潮流，塑造出能给社会公众留下良好积极的乡村红色文化品牌大众形象。红色产品的精髓应该在于回归大众的生活，贴近消费者需求，并且建构具有生活化特点的红色品牌。建议充分意识到红色产品消费文化潮流，并且顺应这一潮流塑造红色文化品牌的大众形象。

二、挖掘内涵，彰显乡村红色文化品牌价值

乡村红色文化品牌是革命老区乡村独具特色的文化标识，是实现革命老区乡村红色资源持续开发利用与价值转化的有效途径。建议从意识形态上深化对红色品牌的认识，传扬新理念和新思路，将红色精神融入乡村文化品牌中，打造具有红色精神意识形态的乡村文化品牌，以此满足社会公众对红色文化的精神追求。建议探索红色资源持续开发利用新的发展路径，不断提升乡村红色文化品牌效应。

三、传播推广，提升乡村红色文化品牌知名度

酒香也怕巷子深，乡村红色文化品牌既要注重内涵挖掘，又要加强传播推广。随着科学技术的快速发展，各个行业都开始融入新媒体营销传播的方式，对自身的产品进行宣传。乡村地理位置较为偏僻，因而乡村红色文化品牌的传播推广，更应该融入新的活力和新的技术进行宣传。建议运用光电相结合的半景、全景式技术，围绕乡村红色文化品牌，借助全媒体高密度宣传，不断提升品牌影响力，使之广为流传，以赢得人心和市场。

第五节　不断优化红色关联企业治理结构

建立与市场经济相适应的红色关联企业的治理结构，有利于提升乡村红色资源价值转化的效率。红色关联企业的参与者主要包括党组织、政府、企业和村民。引入社会资本，拓宽投融资渠道，有效构建党建引领、政府主导、企业运作和村民参与多元主体的运营企业协同

治理结构，是红色资源价值转化的重要保障。

一、党建引领，把握政治方向

事业兴衰，关键在党。党组织建设是凝聚人心、推动区域经济发展的强大力量，是促进红色关联企业持续健康发展、提高乡村红色资源转化率的关键（蒋平，2016）。相对西方发达资本主义国家而言，中国共产党全面领导的社会主义具有体制上的优势。建议强化党组织的领导核心作用，发挥党建在红色关联企业治理中的政治引领作用，提高加快红色资源价值转化的使命感和责任感。强化红色资源价值转化，各项重大任务、重大项目、重大问题由党组织讨论决定的机制，凝聚人心，引导基层党员在红色资源价值转化工作中发挥先锋模范作用，形成推动乡村振兴的强大力量。

二、政府主导，提高服务能力

建议充分发挥政府的主导作用，推进政府职能转变，明确政府负责公共基础设施建设和公益性项目，经营性项目实行市场化运作。推动管理型政府向服务型政府的转型，优化发展环境，强化区域合作，加大外部优质资源的导入，形成政府主导、全社会积极参与、外部优质资源不断涌入的良好的社会氛围。以优质的服务吸引红色产业发展优质项目、企业、人才落户。建议提高政府对红色关联企业融资、人才获取和培养等方面的服务能力，放开对红色关联企业的行政式管理，鼓励企业根据自身实际调整和改善治理结构。

三、企业运作，激发资本活力

投入不足是乡村红色资源价值转化的重要制约因素，开放式的股权结构是有效配置资源的基础。打通社会资本参与通道，引进培育优质开发运营企业，是红色资源价值转化的关键。建议制定社会资本进入标准、管理体系和扶持政策，集聚一批优质企业，为红色资源价值转化提供资金、人才、开发运营经验等。同时，广泛利用社会资源，鼓励社会资本参与，通过有偿的方式建立开放式的股权结构，探索促进乡村红色资源价值转化的多元投融资体制，走开放式发展之路。建议有效保护不同资本所有者对乡村红色资源的产权，完善市场机制，优化治理结构，促进红色关联企业持续成长。

四、村民参与，共享发展成果

革命老区群众共享发展成果是红色资源价值转化的根本出发点。建议以满足人民群众对幸福生活的向往与追求为出发点，突出革命老区村民增收致富和生活水平改善，强化革命老区乡村群众参与，实现发展成果和经济效益共享。建议明晰产权，将产权约束中的所有权、使用权、占有权、收益权、处置权等权利，在乡镇、行政村、自然村、农民个人、管理者阶层等主体之间进行分配，建立合理的产权结构，从而提高村民的积极性。建议推进农村集体产权制度改革，盘活红色村镇闲置空间，为红色资源价值转化提供空间。同时，提高革命老区群众经营性收入，积极开展创业和就业技能培训，拓宽就业渠道，并强化政策扶持，鼓励革命老区群众创业。

第六节 加快推进运营企业数字化转型

这是一个信息化的好时代，信息技术推动的管理创新风起云涌，并俨然成为一个强劲有力的发展潮流。浙江省在信息化建设方面一直走在全国前列，近年来，浙江省大力发展数字经济，积极推进产业和企业的数字化和智慧化转型，成效显著。传统网络营销及交易管理的优势毋庸置疑，但数字化和智慧化的潜在好处还不止这些，大数据与搜寻、交易信息都是宝藏。同样，乡村红色资源价值转化领域，也可以成为信息技术应用的沃土。

一、推进信息技术运用

建议搭建信息和数据资源共享平台，加大相关技术培训，组建专业的新媒体营销队伍，积极推进新媒体、虚拟现实、大数据等信息技术在革命遗址保护、红色旅游发展、产品营销宣传等方面的应用。同时，利用移动互联、在线支付等技术，促进平台、众筹、P2P 等新兴筹资方式的发展，降低中小企业的筹资成本，解决红色关联企业资金不足的问题。建议优先在红色村镇推广新技术、新产品，为红色村镇企业提供及时、低成本的信息技术服务。

二、增强场景化服务体验

情感性需求大多能使顾客产生共鸣与深刻印象，包括联想、着迷与有趣。提供建议结合革命遗址保护，革命精神网络陈列馆，打造集实景呈现、革命历史讲解、图文、音频、视频等多媒体再现革命斗争场景等于一体的网络展馆，加快5G、AR、VR、AI、无人机等技术应用，推出VR体验游、云旅游等红色文化旅游产品，并采用动态投影、幻影成像、多媒体声光电灯，增强场景化互动式的游客服务体验。

三、促进运营管理智慧化

建议加快数据的纵向汇聚与共享，结合数据的关联分析与综合应用能力，逐步形成数据交换、数据共享、数据应用、特色创新的循环路径，在产业管理、行业监管、公共服务及市场推广等环节做到内部共享、外部协同的同步提升。建议加快建设智慧化红色旅游景区建设，运用智能云、大数据技术，搭建游客流量“云计算”平台，以此对游客流量数据及其拥堵趋势的实时分析与预判，实现运营管理决策智慧化并动态调整决策措施。

第七节　有效提高村民参与度及获得感

乡村振兴既关注乡村的产业兴旺，更强调村民的生活富裕（黄祖辉，2018）。乡村产业兴旺既要服务于乡村的经济发展，更要惠及当地村民的民生福祉，使革命老区村民能共享发展成果（李国祥，2018）。实践中，一些地方引进了红色关联企业或项目，当地产业发展了，但村民对这些企业或项目参与度不高，使得当地产业发展与当地村民收入增长不够协调，村民不能充分地分享到乡村产业兴旺带来的红利等问题。

一、促进乡村经济增长

革命老区乡村经济发展水平低、村民增收相对乏力，是全面乡村振兴的重点区域（李志萌和张宜红，2016）。但这些乡村红色资源和生态资源丰富，这些资源可以成为它们经济社会发展优势。而且，乡村振兴既要关注经济增长，又要关注红绿融合和村民增收。建议鼓励村民积极参与乡村红色资源价值转化项目，推广多种村民参与模式，让村民分享乡村红色资源价值转化收益。

二、激发村民创业潜能

乡村振兴不是依赖外部输血，而是要增强内部造血功能和内生发展动力，村民的生活富裕也不能等、靠、要（张丙宣和华逸婕，2018）。建议优化人才回流环境，吸引农村人才回流，同时，通过改善农村教育、医疗、基础设施等，让回流人才能留得下来。建议强化政策激励，优化乡村创业环境，引导工商资本、乡贤和新青年到红色村镇创业，形成一批红色致富领头雁。建议建立红色村镇村民就业技能培训体系，提升村民创业素养与能力，激发村民创业潜能，让更多的村民想参与、能参与、愿参与到乡村创业中来，让乡村红色资源价值转化成效能更好地惠及当地村民。

三、探索红绿融合路径

革命老区乡村大多处于偏远山区，兼具红色资源和绿色资源优势。建议以"两山"理论为指导，以革命精神为主题，将红色文化注入乡村旅游、思想政治教育、生态农业、经典文创、健康养生等绿色产业，培育红色资源与绿色资源相融合的新业态，形成革命老区乡村核心竞争力。建议精品化打造红色资源与绿色资源相融合的景区、产品和旅游线路，实现“串珠成线”，红色资源与绿色资源的联动开发、联合推介。

第八节　本章小结

红色资源是革命老区特有的优势资源，乡村红色资源价值转化是实现乡村振兴的可行路径，乡村红色资源保护是其价值转化的基础和前提。乡村红色资源价值转化是在保持红色底色的基础上，推进红色资源向红色旅游、红色文化创意等发展动能转变，实现政治效益、社会效益、文化效益和经济效益有机统一的过程。建议加强对乡村红色资源保护的顶层设计，从全局角度突破红色资源保护实践中的重点和难点，确保红色资源既在体量上有保障，更应在质量上有保证。建议落实乡村红色资源的分类保护措施，及时抢救修复濒危珍贵文物，持续实施革命旧址保护修缮和文物修复计划，对国家级、省级、市县级文物保护单位开展合法和有效的保护。建议完善乡村红色资源的资料数据，充分利用现代信息技术，实现红色资源的信息化和数据化，将红色文化等精神红色资源以数字化的形式保存，并做到有序管理。

坚持革命精神弘扬优先与强化红色资源价值转化，二者是一种相互依赖、相互促进的关系。建议有效建立红色资源价值转化潜力指标体系，以此来科学评判红色资源的潜力，区分出不同潜力层级的红色资源，发现并识别出其中的商业机会。由此重点关注转化价值及成功率较高的红色资源，找准发力点。以红色文化创意为例，建议在尊重历史的真实性、保持政治立场的正确性、服从解释主体的权威性的前提下，拓展红色文化创意设计的想象空间，以高度的艺术自觉和想象去开发红色文化创意产品。建议增进红色文化吸引力，全面开拓它们的应用场景，大力拓展红色文化创意向生活领域的渗透，使红色文化创意与居家生活、汽车文化、手机文化、益智娱乐文化等领域全面融合，并提高红色文化创意的时尚感。

建议推进红色文化与生态游憩、古村落、乡村旅游、健康养生、休闲运动、民族风情等融合发展，打造革命老区经济发展的重要引擎。建议推进红色文化与剑瓷、木玩、铅笔等经典文化创意产品融合，推进红色文化与生态农业、特色农产品、影视演艺、军民融合产业等融合发展，加大对红色产业支持力度，并建立特色产业扶持长效机制。建议在开放系统中，各红色关联产业链主体基于联结点衔接和区际动态市场博弈，持续重构与提升红色关联产业链，最终形成更大区域范围内的、动态的、协同发展的红色关联产业链群。

深入挖掘本土特色，精准定位，创造差别，塑造红色文化品牌是红色资源价值转化的重要条件。建议将红色文化元素注入红色村镇规划设计，精心设计，塑造独特的乡村红色文化品牌，同时，充分意识到红色产品消费文化潮流，并且顺应这一潮流塑造红色文化品牌的大众形象。建议从意识形态上深化对红色品牌的认识，传扬新理念和新思路，将红色精神融入乡村文化品牌中，不断提升乡村红色文化品牌效应。建议围绕乡村红色文化品牌，借助全媒体高密度宣传，不断提升品牌影响力，使之广为流传，以赢得人心和市场。

建立与市场经济相适应的红色关联企业的治理结构，有利于提升乡村红色资源价值转化的效率。红色关联企业的参与者主要包括党组织、政府、企业和村民。引入社会资本，拓宽投融资渠道，有效构建党建引领、政府主导、企业运作和村民参与多元主体的运营企业协同治理结构，是红色资源价值转化的重要保障。建议强化党组织的领导核心作用，发挥党建在红色关联企业治理中的政治引领作用，提高加快红色资源价值转化的使命感和责任感。建议充分发挥政府的主导作用，推进政府职能转变，明确政府负责公共基础设施建设和公益性项目，经营性项目实行市场化运作，推动管理型政府向服务型政府的转型。制定社会资本进入标准、管理体系和扶持政策，打通社会资本参与通道，并有效保护不同资本所有者对乡村红色资源的产权，完善市场机制，以此激发资本活力。建议以满足人民群众对幸福生活的向往与追求为出发点，突出革命老区村民增收致富和生活水平改善，强化革命老区乡村群众参与，实现发展成果和经济效益共享。

浙江省在信息化建设方面一直走在全国前列，浙江省大力发展数字经济，积极推进产业和企业的数字化和智慧化转型，成效显著。同样，乡村红色资源价值转化领域，也可以成为信息技术应用的沃土。建议搭建信息和数据资源共享平台，加大相关技术培训，组建专业的新媒体营销队伍，积极推进新媒体、虚拟现实、大数据等信息技术在革命遗址保护、红色旅游发展、产品营销宣传等方面的应用。建议结合革命遗址保护，革命精神网络陈列馆，打造集实景呈现、革命历史讲解、图文、音频、视频等多媒体再现革命斗争场景等于一体的网络展馆。建议加快建设智慧化红色旅游景区建设，运用智能云、大数据技术，搭建游客流量“云计算”平台，以此对游客流量数据及其拥堵趋势的实时分析与预判，实现运营管理决策智慧化并动态调整决策措施。

革命老区乡村经济发展水平低、村民增收相对乏力，是全面乡村振兴的重点区域。但这些乡村红色资源和生态资源丰富，这些资源可以成为它们经济社会发展优势。建议鼓励村民积极参与乡村红色资源价值转化项目，推广多种村民参与模式，让村民分享乡村红色资源价值转化收益。建议强化政策激励，优化乡村创业环境，引导工商资本、乡贤和新青年到红色村镇创业，形成一批红色致富领头雁。同时，建立红色村镇村民就业技能培训体系，提升村民创业素养与能力，激发村民创业潜能，让更多的村民想参与、能参与、愿参与到乡村创业中来，让乡村红色资源价值转化成效能更好地惠及当地村民。建议以“两山”理念为指导，以革命精神为主题，将红色文化注入乡村旅游、思想政治教育、生态农业、经典文创、健康养生等绿色产业，培育红色资源与绿色资源相融合的新业态。

第十一章　结论与展望

第一节　主要研究结论

一、乡村红色资源价值转化的机制

本书利用浙江省丽水市61个红色乡镇及其129个红色村的实地调研及其访谈数据，构建了乡村红色资源价值转化机制的扎根模型，并通过实证分析的方法进行验证。乡村红色资源价值转化机制是一个由乡村红色资源价值发现、价值创造到价值获取过程的整体构念。乡村红色资源价值发现包括乡村红色资源保护传承、乡村红色资源价值挖掘识别两个维度，乡村红色资源价值创造包括集群创新、开放协作、精益运营、协同治理、数字赋能五个维度，乡村红色资源价值创造包括乡村经济增长、红绿融合和村民增收三个维度。其中，集群创新不是单一地发展乡村红色旅游，而是致力于推进乡村红色资源与生态农业、特色工业、文化旅游、文化创意、健康养生等多业态的深度融合。精益运营旨在将产业战略规划落实到企业主体的战略行动，提升乡村红色文化品牌美誉度。协同治理旨在激发企业主体的创造力，不断优化运营主体治理结构。开放协作旨在跨山统筹、跨区合作、向海借力，动态挖掘乡村红色资源价值转化潜力。数字赋能旨在顺应产业及企业数字化转型新趋势，不断提升红色关联企业的大数据能力。

二、乡村红色资源价值转化路径

本书以浙江省丽水市 61 个红色乡镇（街道）及其 129 个红色村为调研对象，对乡村红色资源价值转化现状进行调研，发现乡村红色资源在价值转化过程中存在如下现实瓶颈：经营主体之间合作不够紧密，对外开放程度低；红色关联产业链短，产业配套不完善，文化融合度低；红色关联产品的顾客体验感弱，品牌美誉度低；经营主体产权不够清晰，相关政策不够协同；数字化技术水平弱，红色关联产业的数字化平台功能有待优化等。以遂昌县王村口镇、龙泉市住龙镇、莲都区老竹镇、青田县万山乡、松阳县大东坝镇为案例分析对象，探索出如下乡村红色资源价值转化路径：在挖掘乡村红色资源的基础上，构建一体化的红色旅游、红色教育、红色文创等乡村红色关联产业链；塑造乡村红色文化品牌，以精益运营来持续创造乡村红色资源价值；以党建引领创新运营主体协同治理机制，充分激发乡村红色关联产业主体创造力；密切经营主体之间合作关系，形成跨区域联盟，不断推动红色文创产品“走出去”；推进产业及企业数字化转型，促进乡村红色资源价值转化量质齐升。

三、乡村红色资源价值转化模式

本书以遂昌县王村口镇、龙泉市住龙镇、青田县章村乡、庆元县竹口镇、青田县万山乡等乡镇及其相关经营主体为样本，总结出革命精神活化思政教育、红色文化融合乡村旅游、红色资源对接生态农业、红色基因丰富经典文创、红色精品亮化影视演艺 5 种乡村红色资源价值转化模式。红色资源是革命老区乡村振兴的核心竞争力，各地红色资源有各自不同特色。革命精神亮化思政教育模式旨在将本土红色素材和案例融入思政教育的实践教学内容中，设计并实施沉浸式红色体验教学项目，从而有效培养学员的党性修养、爱国主义、集体主义和艰苦奋斗精神。红色文化融合乡村旅游旨在发挥红色文化融合性特点，推进红色文化与生态游憩、古村落、健康养生、休闲运动、民族风情等融合发展，从而丰富乡村旅游产品体系，激发乡村旅游发展活力。红色资源对接生态农业是在挖掘本土红色资源和生态农业优势的基础上，将红色元素注入特色农产品的设计、包装，打造具有鲜明红色内涵的创意红色农产品，并通过红色旅游、农业观光带动红色农产品销售。红色基因丰富经典文创是在传承红色基因的基础上，推进红色文化与本土经典文化创意产业融合，开发出体现红色文化内涵、符合现代审美、具有实用价值的红色文化创意产品。红色精品重塑影视演艺模式是在突破传统的红色资源利用的路径依赖的基础上，挖掘更丰富的红色文化内涵，探索更多元的红色影视演艺形式，打造影视演艺精品。

第二节 研究的理论贡献

一、乡村红色资源价值转化机制的新构思

在既有的乡村红色资源价值转化机制理论研究中，偏重于关注政府主导下的产业规划，以政府主导下的红色关联产业发展作为价值转化机制研究的重点，相关的案例和实证研究也较少。本书基于浙江省丽水市典型红色乡镇的调研资料和访谈记录，构建了乡村红色资源价值转化机制的扎根模型，并通过实证分析的方法进行了验证，从而本

研究结论更为稳健。研究表明，在乡村红色资源保护传承及其价值挖掘识别的基础上，通过以集群创新、精益运营、协同治理、开放协作和数字赋能为内容的乡村红色资源的价值创造，能够兼顾实现乡村经济增长、红绿融合和村民增收。本书构建并检验了乡村红色资源价值转化机制的模型，揭示了乡村红色资源价值发现、价值创造与价值获取之间的价值转化机理，有助于将加快乡村振兴的现实要求落实到政府和企业乡村红色资源价值转化。

二、乡村红色资源价值转化模式的新探索

既有的在乡村红色资源价值转化理论和实践中，大多局限于红色资源如何转化为旅游价值的问题，也未系统归纳出价值转化的实践模式。尽管不同区域的红色资源禀赋及其经济发展水平存在差异性，但实践中没有做到因地制宜地推进，相关的案例研究也较少。本书以浙江省丽水市的遂昌县王村口镇、龙泉市住龙镇、青田县章村乡、庆元县竹口镇、青田县万山乡等乡镇及其相关经营主体为样本，探索了乡村红色资源与思政教育、乡村旅游、生态农业、经典文创、影视演艺等关联产业深度融合的典型模式。乡村红色资源价值转化模式包括革命精神活化思政教育、红色文化融合乡村旅游、红色资源对接生态农业、红色基因丰富经典文创、红色精品亮化影视演艺等。该结论突破了片面地利用红色资源发展红色旅游的路径依赖，拓展并深化了人们对红色资源价值转化的产业领域及其产业融合的理解，为推动乡村红色资源价值转化的理论研究与政策实践提供了新思路。

三、红色资源利用和乡村振兴理论的新拓展

（1）在既有的红色资源利用的研究中，主要通过对某区域红色资

源利用的内涵、面临的问题、原因及对策进行综合性分析，研究内容较为零散，缺乏从可持续性利用、创造性利用等角度进行更深层次的研究。本书对红色资源利用进一步拓展和深化，明晰了可持续利用和创造性利用的概念，提出在持续巩固提升红色资源传承成果的基础上，要推进红色旅游、红色教育、红色文化与绿色产业融合发展的主张，从而使得红色资源可持续利用、创造性利用分别成为未来乡村红色资源利用的主要方向和路径。

（2）革命老区乡村经济发展水平低、村民增收相对乏力，是全面乡村振兴的重点区域。这些乡村红色资源和生态资源丰富，可以成为革命老区实现经济增长、村民增收、红绿融合的优势。本书以浙江省丽水市的典型红色乡镇为重点研究对象，聚焦乡村振兴，分析和总结红色资源利用、价值转化机制、瓶颈、路径与模式，兼顾乡村红色资源价值转化的经济与生态效益，最后给出了乡村红色资源价值转化的惠民策略。该研究将红色资源与乡村发展有机结合起来，揭示了红色资源利用对乡村振兴的重要贡献，促使红色文化资源与乡村振兴理论有效耦合，延伸并拓展了乡村振兴领域的现有研究。

第三节　研究的实践启示

一、拓展红色关联产业领域

本书的研究结果表明，乡村红色资源价值转化路径不应仅局限于红色旅游模式，应充分挖掘和识别出红色资源价值，构建一条促进乡村红色资源与思政教育、乡村旅游、生态农业、经典文创、影视演艺等关联产业深度融合的多元复合路径，拓展红色关联产业领域，以产业链推动价值链、利益链的发展，从而达到富民增效的目标。启示具有红色资源禀赋的乡村，应在保护传承其红色资源的基础上，更广泛地拓展红色关联产业领域并促进产业深度融合。

（1）加快延伸与拓展红色资源价值产业链，充分挖掘产业链上每一个环节的潜力，并注重与红色资源相结合，进而实现企业产业价值链整体最优，有效降低成本，获取成本优势，助推红色关联企业的良性发展。

（2）不断促进红色资源与特色产业深度融合，充分发挥红色文化融合性特点，丰富红色资源产品体系，激发红色资源活力。

（3）持续重构与提升红色关联产业链，建立以红色关联产业为核心的集群式产业链，并持续重构其组织、产业及空间结构，促进红色关联产业集聚发展。

二、优化红色资源价值转化模式

本书的研究结果表明，充分挖掘革命老区乡村的红色资源，促进乡村红色资源价值转化，能推动革命老区乡村振兴的实现。乡村红色资源价值转化模式包括革命精神亮化思政教育、红色文化融合乡村旅游、红色资源对接生态农业、红色基因丰富经典文创、红色精品活化影视演艺等。

（1）思想政治课程可以注入本土红色素材和案例，利用体验式、沉浸式的红色教学项目，培养学员的党性修养、爱国主义、集体主义和艰苦奋斗精神，从而实现育人价值。

（2）从事生态农业相关产业的经营主体可以将红色元素注入特色农产品的设计、包装，打造具有鲜明红色内涵的创意红色农产品，并通过红色旅游、农业观光带动红色农产品销售。

（3）推进红色文化与本土经典文化创意产业融合，开发出体现红色文化内涵、符合现代审美、具有实用价值的红色文化创意产品。

（4）挖掘更丰富的红色文化内涵，探索更多元的红色影视演艺形式，打造更具历史见证价值、精神教育价值、促进发展价值的影视演艺精品。

三、提升红色资源价值转化效能

乡村振兴既关注乡村的产业兴旺，更强调村民的生活富裕。乡村产业兴旺不仅要服务于乡村的经济发展，更要惠及当地村民的民生福祉，使革命老区村民能共享发展成果。本书的研究结果表明，提升红色资源价值转化效应坚守经济、环境和社会效益的“三重底线”。经济、环境与社会效益之间不是“非此即彼”，而是“亦此亦彼”的关系。

（1）既要关注革命老区乡村的经济增长，又要革命老区乡村关注红绿融合和村民增收。推广多种村民参与模式，让村民分享乡村红色资源价值转化收益。

（2）增强革命老区乡村的造血功能和内生发展动力，激发村民创业潜能。强化政策激励，优化乡村创业环境，引导工商资本、乡贤和新青年到红色村镇创业。同时，建立红色村镇村民就业技能培训体系，提升村民创业素养与能力，激发村民创业潜能，让乡村红色资源价值转化成效，能更好地惠及当地村民。

（3）以习总书记提出的“绿水青山就是金山银山”的重要理念为指导，探索革命老区乡村红绿融合发展路径。以革命精神为主题，将红色文化注入乡村旅游、思想政治教育、生态农业、经典文创、健康养生等绿色产业，培育红色资源与绿色资源相融合的新业态，形成革命老区乡村核心竞争力。

第四节　研究局限及未来研究方向

尽管本书得到了一些有意义的结论，有助于推进相关的理论研究，但限于研究条件与知识储备等条件，本书仍然存在诸多不足之处，这为红色资源价值转化领域的未来研究提供了理论空间。

一、研究内容方面

本书聚焦于乡村振兴和共同富裕的时代背景，提出了一些乡村红色资源价值转化的理论研究命题，并对乡村红色资源价值转化路径与模式进行探索，但并未就乡村的红色资源价值转化与一般的红色资源价值转化做彻底的对比分析，未来的相关研究中有待进一步拓展和深化，从而得到更具针对性与应用价值的研究结论。本书仅仅探讨了乡村红色资源价值发现、价值获取及与价值创造之间的影响关系，是否还有影响乡村红色资源价值转化的其他变量，仍有待进一步挖掘与分析。本研究视角涉及政府宏观、产业中观和企业微观视角，但总体而言，本书对顾客及顾客体验的调查较为欠缺。未来的研究可以尝试分别从政府宏观、产业中观和企业微观视角，提出相关理论模型，并通过获取相应的样本数据来检验与本主题相关的理论假设。

二、研究方法方面

本书样本数量虽达到了研究的基本要求，但调研地区仅限于浙江省丽水市的红色乡镇或红色村落，且由于问卷填写人的认真度具有不可控性，在衡量乡村红色资源价值转化的相关变量也可能存在偏差。在未来的相关研究中，应更注意问卷填写的质量与数量，以使相关理论研究模型得到更为可靠的检验。此外，本书的实证研究部分仅采用了在问卷调查基础上的统计分析，并没有得到具体的实验研究法的支撑，得出的结论是不充分的。未来相关研究可以尝试采用更具可控性的实验研究等方法，或利用不同时段的纵贯数据，来探索乡村红色资源价值转化的影响机制与实践路径。

三、研究深度方面

本书分别对乡村红色资源价值转化的机制、路径、模式进行研究，并给出了进一步促进乡村红色资源转化的对策建议。尽管这些主题都属于乡村红色资源价值转化的主要范畴，但总体上看，研究问题还不够深入。而且，本书也提出了乡村红色资源价值转化的模式选择，但并未对各变量关系及相关实施效果加以实证检验，研究的深度还不够。未来的研究可以利用行动研究方法，来检验本书提出的所有相关理论模型。此外，乡村红色资源价值转化效能如何兼顾经济增长、红绿融合与村民增收，红色关联产业与绿色产业又如何融合发展等，本书对于这些议题的研究还过于粗浅，未来的研究需要对此研究范畴进行细化并做出进一步的实证检验。

参考文献

[1] 白鹏飞. 区域文化与红色旅游融合发展研究——以延安市为例 [J]. 四川旅游学院学报, 2017 (2): 40-42.

[2] 鲍娴, 管慧勇. 红色文创出版价值与立体开发策略 [J]. 中国出版, 2021 (6): 39-42.

[3] 卞成林. 红色文化创造性地融入高校思想政治教育的实践路径 [J]. 社会科学家, 2020 (5): 9-13.

[4] 卞文忠. 别让“人才短板”制约乡村振兴 [J]. 人民论坛, 2019, 618 (1): 78-79.

[5] 曹珺. 红色文化资源开发与乡村振兴战略的实施——以关中革命老区传统村落为中心 [J]. 湖北农业科学, 2021, 60 (4): 152-154.

[6] 曾维和, 咸鸣霞. 乡村振兴的产业共同体模式及其形成机理——基于武家嘴产业兴村的实证调研 [J]. 中国软科学, 2019, 347 (11): 79-90.

[7] 常雪连, 罗海英. 文旅融合下山西红色旅游演艺优化发展 [J]. 河北旅游职业学院学报, 2020, 25 (1): 6-10.

[8] 陈柳钦. 产业价值链: 集群效应和链式效应 [J]. 理论探索, 2007 (2): 78-81.

[9] 程婧, 申欣鑫. 红色影视资源的特征、类型、功用及选取策略 [J]. 中学政治教学参考, 2021 (12): 24-28.

[10] 邓安娜, 魏依琳, 马晓璇, 等. 红色文化实践助力革命老

区乡村脱贫振兴——以井冈山为例［J］. 农村实用技术，2020（12）：112-113.

［11］邓辉煌. 红色文化的传承与转化——湖北民族地区红色文化资源的保护［J］. 湖北民族学院学报（哲学社会科学版），2012，30（6）：75-78.

［12］邓显超，邓海霞. 十年来国内红色文化概念研究述评［J］. 井冈山大学学报（社会科学版），2016，37（1）：29-39.

［13］邓雪，李家铭，曾浩健，等. 层次分析法权重计算方法分析及其应用研究［J］. 数学的实践与认识，2012，42（7）：93-100.

［14］豆书龙，叶敬忠. 乡村振兴与脱贫攻坚的有机衔接及其机制构建［J］. 改革，2019，299（1）：19-29.

［15］范力，焦世泰，韦复生. 左右江红色旅游区红色旅游产品开发模式研究［J］. 中国软科学，2013（11）：170-177.

［16］方世敏，邓丽娟. 红色旅游资源分类及其评价［J］. 旅游研究，2013，1（1）：36-36.

［17］高斌琦. 乡村振兴视角下革命老区红色旅游资源开发路径研究——以庆阳市环县为例［J］. 农村经济与科技，2021，32（1）：61-63.

［18］高海生，周振国. 论红色旅游的兴起及其深层原因［J］. 理论前沿，2006，486（21）：37-38.

［19］耿琪. "红色资源"——加强和改进大学生思想政治教育的新亮点［J］. 吉林商业高等专科学校学报，2006（2）：1-3.

［20］弓志刚，李亚楠. 乡村旅游产业链共生系统的特征及模式的演化和构建——以山西省为例［J］. 农业现代化研究，2011，32（1）：73-77.

［21］龚勤林. 论产业链构建与城乡统筹发展［J］. 经济学家，2004（3）：121-123.

[22] 龚云. 论邓小平共同富裕理论 [J]. 马克思主义研究, 2012 (1): 46-55.

[23] 桂镕峰. “乡村振兴”战略背景下红色旅游资源在思政教育中的重要意义 [J]. 农村实用技术, 2019 (12): 12-13.

[24] 郭雯琳, 曾宪礼, 李娟. 文旅融合背景下江西省旅游演艺发展路径浅析 [J]. 戏剧之家, 2021 (4): 54-56.

[25] 韩士元, 陈柳钦. 论产业价值链的集群效应和链式效应 [J]. 财会月刊, 2007 (26): 83-85.

[26] 黄静波, 李纯. 湘粤赣边界区域红色旅游协同发展模式 [J]. 经济地理, 2015, 35 (12): 203-208.

[27] 黄三生, 凡宇, 熊火根. 乡村振兴战略视域下红色文化资源开发路径探析 [J]. 价格月刊, 2018 (9): 90-94.

[28] 黄祖辉. 准确把握中国乡村振兴战略 [J]. 中国农村经济, 2018 (4): 2-12.

[29] 蒋廉雄, 卢泰宏. 形象创造价值吗?——服务品牌形象对顾客价值—满意—忠诚关系的影响 [J]. 管理世界, 2006 (4): 106-114.

[30] 蒋平. 依托红色文化加强和改进基层党建工作——以百色起义红色文化为例 [J]. 理论导刊, 2016 (10): 57-60.

[31] 匡胜, 陈胜华. 拓展红色资源创新教育模式 [J]. 井冈山学院学报 (综合版), 2009 (1): 15-18.

[32] 李伯华, 牛鑫, 窦银娣, 等. 景区边缘型乡村旅游地资源开发潜力评价——以大南岳旅游圈为例 [J]. 中南林业科技大学学报 (社会科学版), 207, 11 (5): 37-44.

[33] 李国祥. 实现乡村产业兴旺必须正确认识和处理的若干重大关系 [J]. 中州学刊, 2018 (1): 32-38.

[34] 李健, 李崧岳, 牛凤莲. 红色文化旅游品牌建设策略探

究——以新疆阿拉尔市为例［J］. 浙江理工大学学报（社会科学版），2020，44（4）：391-397.

［35］李实，陈基平，滕阳川. 共同富裕路上的乡村振兴：问题、挑战与建议［J］. 兰州大学学报（社会科学版），2021，49（3）：37-46.

［36］李水弟，傅小清，杨艳春. 历史与现实：红色文化的传承价值探析［J］. 江西社会科学，2008（6）：159-162.

［37］李万斌. 川陕红色文化资源价值与文旅创意创新研究——兼论川陕红色文旅创意创新［J］. 中华文化论坛，2017（2）：83-89.

［38］李伟红. 乡村振兴战略下红色旅游融合发展的“梁弄路径”［J］. 北京印刷学院学报，2021，29（6）：87-89.

［39］李贤海，李文瑞. 对“红色资源”概念界定的思考［J］. 井冈山大学学报（社会科学版），2011，32（3）：19-22.

［40］李垣. 红色文化传承与绿色生态发展——“红绿交融”的社会主义生态文明建设［J］. 延安大学学报（社会科学版），2018，40（5）：19-24.

［41］李长学. “乡村振兴”的本质内涵与逻辑成因［J］. 社会科学家，2018，253（5）：36-41.

［42］李志萌，张宜红. 革命老区产业扶贫模式、存在问题及破解路径——以赣南老区为例［J］. 江西社会科学，2016，36（7）：61-67.

［43］林仁状. 文旅大数据资源架构建设研究——以浙江省文化和旅游厅大数据资源建设为例［J］. 图书馆研究与工作，2019（12）：27-30+67.

［44］刘欢. 从绝对到相对转变视域下的中国农村脱贫新探析——基于精准扶贫背景的分析［J］. 软科学，2017，31（5）：11-15.

[45] 刘建平，丰田，王昕伟. 寨市古镇红色旅游资源整合开发探析 [J]. 石家庄学院学报，2020，22 (3)：102-106.

[46] 刘建平. 川陕革命老区红色文化资源的产业开发研究 [J]. 中共四川省委党校学报，2020 (2)：84-90.

[47] 刘璟琦，桂橙林. 基于建构主义原真性理论的历史街区旅游资源价值评估体系研究——以武汉黎黄陂路历史街区为例 [J]. 中国名城，2019 (4)：27-32.

[48] 刘柯，陈丹红，许桦桦. 灵璧县乡村旅游资源开发潜力评价 [J]. 安徽农学通报，2018，24 (9)：11-12.

[49] 刘琨. 红色文化的经济价值和品牌效益研究 [J]. 人民论坛，2012 (5)：78-79.

[50] 柳昌发，赵峰娟，吴青. 打造中国铅笔第一镇 [J]. 浙江经济，2013 (21)：52.

[51] 龙柏林，李秋梅. 铸牢中华民族共同体意识的红色记忆维度 [J]. 新疆社会科学，2020 (3)：53-60.

[52] 龙婷，龚云. 南昌红色旅游发展现状及新模式构建 [J]. 企业经济，2012 (9)：145-147.

[53] 卢丽刚，时玉柱. 大别山红色旅游资源保护与开发的问题诊断及其应对策略 [J]. 安徽农业科学，2009，37 (22)：10745-10747.

[54] 卢丽刚，易修政. 江西革命历史文化遗产的保护与开发研究 [J]. 农业考古，2010 (3)：281-284.

[55] 陆晓强. 乡村振兴战略下红色旅游资源开发研究——以三明市宁化县为例 [J]. 中外企业家，2018 (28)：155.

[56] 罗小斌，方世敏. 区域红色旅游品牌整合问题探析 [J]. 怀化学院学报 (社会科学)，2006 (3)：62-65.

[57] 马静. 红色文化培育社会主义核心价值观的思考 [J]. 井

冈山大学学报（社会科学版），2016，37（2）：16-20.

［58］毛嘉正，李玮．乡村振兴战略下革命老区红色旅游资源价值及开发［J］．中国经贸导刊，2020（7）：50-51.

［59］倪自银．顾客价值导向的可持续竞争优势分析［J］．华东经济管理，2006，20（2）：106-108.

［60］牛玉，汪德根．基于游客视角的历史街区旅游发展模式影响机理及创新——以苏州平江路为例［J］．地理研究，2015，34（1）：181-196.

［61］彭正德，江桑榆．论红色基因及其在新时代的传承［J］．湖南社会科学，2021（1）：12-20.

［62］钱小丽，吕雯．乡村旅游资源评价与开发潜力研究［J］．开封文化艺术职业学院学报，2020，40（6）：204-205.

［63］饶志华．红色文化产业品牌创新［J］．开放导报，2014（2）：81-84.

［64］任丽颖，连绍淳．红色文化在推进地方基层民主政治建设中的作用［J］．赤峰学院学报（哲学社会科学版），2021，42（3）：18-24.

［65］荣婷．基于发展红色旅游背景下，延安市红色文化遗产的保护初探［J］．商品与质量，2016（40）：74.

［66］阮晓菁．传承发展中华优秀传统文化视域下红色文化资源开发利用研究［J］．思想理论教育导刊，2017（6）：143-147.

［67］石培新．红色旅游教育功能提升与可持续发展机制创新［J］．宏观经济管理，2020（5）：83-90.

［68］史业华，裴学胜．基于用户需求的文化创意产品设计研究［J］．工业设计，2020（4）：83-84.

［69］史云贵，孙宇辰．我国农村社会治理效能评价指标体系的构建与运行论析［J］．公共管理与政策评论，2016，5（1）：17-25.

[70] 舒晓惠，唐红美，方磊. 大湘西红色旅游资源综合评价指标体系的构建 [J]. 怀化学院学报，2020，39 (4)：55-60.

[71] 宋乔如，何亦欣，朱晨怡，等. 乡村振兴视域下红色旅游资源开发研究——以仪征市为例 [J]. 山西农经，2021 (2)：73-74.

[72] 苏磊. 信仰文化缺位与高校思想政治教育的使命回归 [J]. 新疆大学学报 (哲学人文社会科学版)，2012，40 (3)：49-51.

[73] 孙伟. 红色文化与乡村振兴的契合机制与实践路径——以新县田铺大塆为分析样本 [J]. 河南社会科学，2020，28 (7)：99-104.

[74] 孙一波. 红色歌曲类型化及创作模式研究 [J]. 音乐创作，2015 (11)：107-109.

[75] 覃棹. 乡村振兴战略视野下农村电子商务发展研究 [J]. 电子商务，2019 (10)：14-15.

[76] 谭冬发，吴小斌. “红色资源”与扶贫开发 [J]. 老区建设，2002 (7)：45-46.

[77] 唐丽萍，冯淑华. 红色旅游资源的文化遗产价值及其评价——以南昌市八一起义纪念馆为例 [J]. 旅游研究，2011，3 (2)：11-16+27.

[78] 童云. 乡村振兴背景下农产品电子商务发展战略 [J]. 社会科学家，2018，251 (3)：77-83.

[79] 万生更. 陕西红色文化资源价值探析 [J]. 理论导刊，2010 (4)：79-81.

[80] 王缉慈，谭文柱，林涛，等. 产业集群概念理解的若干误区评析 [J]. 地域研究与开发，2006 (2)：1-6.

[81] 王金伟，韩宾娜. 线性文化遗产旅游发展潜力评价及实证

研究 [J]. 云南师范大学学报 (哲学社会科学版), 2008 (5): 120-126.

[82] 王丽平, 胡雪洁. BOP 市场的价值开发与实现路径研究 [J]. 华东经济管理, 2014, 28 (5): 171-176.

[83] 王璐, 高鹏. 扎根理论及其在管理学研究中的应用问题探讨 [J]. 外国经济与管理, 2010, 32 (12): 10-18.

[84] 王薇, 谢一槐. 浅谈红色文化元素在文创产品设计中的应用 [J]. 工业设计, 2018 (1): 70-71.

[85] 王雄青, 胡长生. 文旅融合背景下红色文化旅游高质量发展路径研究——基于江西的视角 [J]. 企业经济, 2020, 39 (11): 100-107.

[86] 王元伦. 建立渔业文化资源价值评价指标体系探讨 [J]. 中国农业会计, 2019 (8): 92-96.

[87] 王元伦. 乡村振兴背景下建立渔业文化资源价值评价指标体系探讨 [J]. 中国农业会计, 2020 (3): 25-29.

[88] 王中强. 社会主义核心价值体系建设视域中的红色文化传承与创新 [J]. 山东社会科学, 2010 (10): 134-137.

[89] 文斌, 郭婷婷, 梁远新, 等. 乡村红色旅游地生态风险评估及调控——以河南省确山县竹沟镇为例 [J]. 安阳工学院学报, 2020, 19 (1): 28-32.

[90] 左冰. 红色旅游与政党认同——基于井冈山景区的实证研究 [J]. 旅游学刊, 2014, 29 (9): 60-70.

[91] 翁钢民, 王常红. 基于 AHP 的红色旅游资源综合评价方法及其开发对策 [J]. 工业技术经济, 2006 (2): 112-114.

[92] 习近平. 用好红色资源, 传承好红色基因, 把红色江山世世代代传下去 [J]. 求知, 2021 (6): 4-10.

[93] 向国华, 何其鑫. 红色文化在培育大学生社会主义核心价

值观中的作用与途径［J］. 中共山西省直机关党校学报，2015（5）：63-65.

［94］肖贵清. 十八大以来中国特色社会主义理论创新研究［M］. 中国人民大学出版社，2018.

［95］肖闽. 大城市近郊“农旅综合体”乡村建设新形态——以上海市乡悦华亭乡村振兴项目为例［J］. 上海国土资源，2020，41（3）：45-51.

［96］谢庐明，陈建平. 赣南红色文化资源分析评价与开发研究［J］. 党史文苑，2007（20）：56-59.

［97］徐甜. 新时代背景下运用红色影视促进高校思想教育的路径研究［J］. 大众文艺，2020（3）：245-246.

［98］杨燕群. 红船精神的物化设计及传播研究——以嘉兴红色文化创意产业为例［J］. 嘉兴学院学报，2016，28（3）：26-29.

［99］岳毅蒙. 基于二元语义评价法的商洛红色旅游资源评价模型［J］. 系统仿真技术，2017，13（1）：47-50.

［100］张丙宣，华逸婕. 激励结构、内生能力与乡村振兴［J］. 浙江社会科学，2018（5）：56-63.

［101］张春桃. 乡村旅游中的红色资源探索研究［J］. 农村经济与科技，2020，31（14）：55-56.

［102］张迪，崔燕. 红色文化旅游资源的挖掘与传播——基于内蒙古红色资源的解读［J］. 社会科学家，2020（7）：65-70.

［103］张高军，易小力. 有限政府与无限政府：乡村振兴中的基层政府行为研究［J］. 中国农村观察，2019（5）：32-52.

［104］张家祥，王俊磊，陈冬梅，等. 红色影片对当代大学生思想教育的课题研究［J］. 侨园，2019（12）：155.

［105］张建玲，肖强. 赣南苏区红色旅游发展潜力及营销策略研究［J］. 特区经济，2013（11）：114-116.

[106] 张荣芳，林观勇．青田县油茶产业发展目标、扶持政策及发展对策［J］．安徽农学通报（下半月刊），2011，17（6）：13+16.

[107] 张泰城，肖发生．红色资源与大学生思想政治教育［J］．教学与研究，2010（1）：72-77.

[108] 张泰城，张玉莲．红色资源研究综述［J］．井冈山大学学报（社会科学版），2013，34（6）：15-21.

[109] 张涛．新疆红色文化遗产价值转化探析［J］．文化产业，2020（23）：135-136.

[110] 张婷婷．农村电子商务助力乡村振兴的辩证考察［J］．中共山西省委党校学报，2018，41（4）：63-67.

[111] 张文，王艳飞．红色文化的当代价值及其实现路径［J］．人民论坛，2016（23）：126-127.

[112] 张熙凤，向伟．革命老区产业融合发展路径探析——以旺苍县为例［J］．现代农业科技，2021（4）：235-237+240.

[113] 张晔．新媒体时代燕赵红色历史文化资源的影视剧研究［J］．新媒体研究，2020，6（1）：121-122.

[114] 赵翔翔．论旅游业可持续发展［J］．武汉大学学报（人文社会科学版），2000（2）：183-187.

[115] 中共中央宣传部．习近平新时代中国特色社会主义思想学习纲要［M］．北京：学习出版社，2019：44.

[116] 周彬，钟林生，陈田，等．基于生态位的黑龙江省中俄界江生态旅游潜力评价［J］．资源科学，2014，36（6）：1142-1151.

[117] 周美静，许春晓．红色旅游共生发育水平测评指标体系构建与应用——以韶山为例［J］．旅游学刊，2019，34（9）：127-144.

[118] 周琪，张珊．论新时代红色文化资源的现实境遇与创新实践［J］．重庆社会科学，2020（12）：19-27.

[119] 朱海洋."红绿"融合的丽水实践 [J]. 今日浙江, 2019 (13): 52-53.

[120] 邹统钎. 绿水青山与金山银山转化的乡村旅游机制探讨 [J]. 旅游学刊, 2020, 35 (10): 4-7.

[121] Baron R M, Kenny D A. The moderator-mediator variable distinction in social psychological research: Conceptual, strategic, and statistical consideration [M]. Chapman and Hall, 1981, 51 (51): 1173-1182.

[122] Bentler P M, Freeman E H. Tests for stability in linear structural equation systems [J]. Psychometrika, 1983, 48 (1): 143-145.

[123] Elkington J. Partnerships from cannibals with forks: The triple bottom line of 21st-century business [J]. Environmental Quality Management, 1998, 8 (1): 37-51.

[124] Ioannou M, Boukas N. Co-creating visitor experiences in cultural heritage museums: The Avenue towards sustainable tourism development [J]. International Journal of Tourism Policy, 2020, 10 (2): 101.

[125] Stathopoulou S, Skuras D, Psaltopoulos D. Rural entrepreneurship in Europe: A research framework and agenda [J]. International Journal of Entrepreneurial Behaviour & Research, 2004, 10 (6): 404-425.

[19] [illegible][J]. [illegible], 2013, (1): 72-83.

[20] [illegible][J]. [illegible], 2020, 35 (10): 1-7.

[21] Baron R.M., Kenny D.A. The moderator-mediator variable distinction in social psychological research: Conceptual, strategic, and statistical considerations[J]. [illegible], 1986, 51 (6): 1173-1182.

[22] [illegible] Test for stability in linear structural equation systems[J]. Psychometrika, 1983, 48 (1): [illegible].

[23] Elkington J. Partnerships from cannibals with forks: The triple bottom line of 21st-century business[J]. Environmental Quality Management, 1998, 8 (1): 37-51.

[24] [illegible][J]. International Journal of [illegible], 2020, [illegible]: 104.

[25] [illegible] Entrepreneurship in [illegible] framework and agenda[J]. International Journal of Entrepreneurial Behaviour & Research, 2004, 10 (1/2): 104-125.